과학 블로그

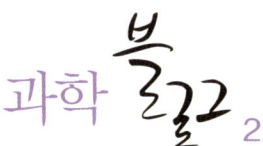

문명의 아침, 세계 4대 문명과 과학의 태동

초판 1쇄 발행 | 2015년 4월 1일
초판 2쇄 발행 | 2019년 12월 13일

지은이 | 과학노리
펴낸이 | 박정태
펴낸곳 | 사이언스주니어

주 소 | 413-120 파주시 파주출판문화도시 광인사길 161 광문각빌딩
전 화 | (031) 955-8787
팩 스 | (031) 955-3730
등록번호 | 제406-2014-000118호
HOME | www.kwangmoonkag.co.kr
Email | kwangmk7@hanmail.net
블로그 | http://blog.daum.net/g90605/
http://blog.naver.com/g90605
ⓒ 2015, 과학노리

ISBN 979-11-954185-9-6 (set)
979-11-86474-00-6 (74400)

    한국과학기술출판협회회원

값은 뒷면에 표기되어 있습니다.
저자와의 협의하에 인지는 붙이지 않습니다.
잘못된 책은 구입하신 서점에서 바꾸어 드립니다.

상위 1%로 가는 비밀 수업

과학 블로그

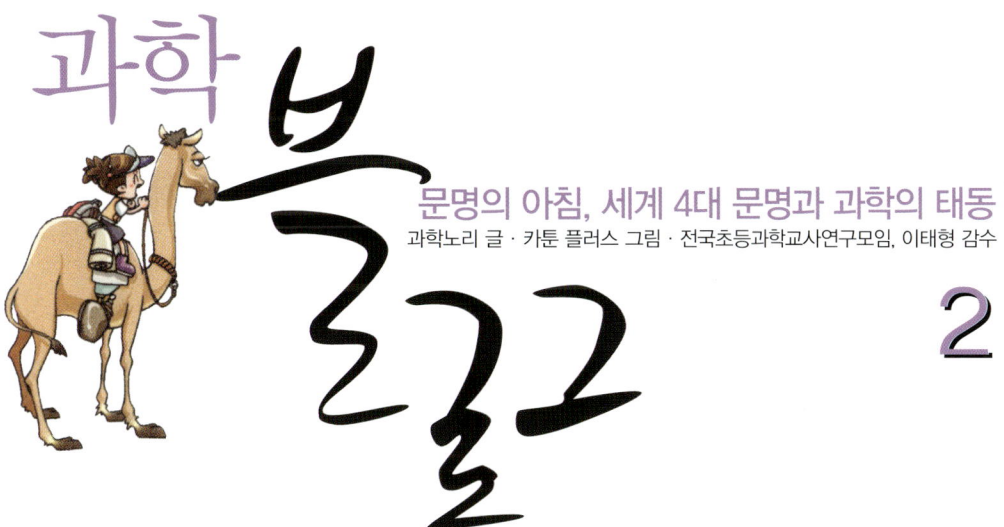

문명의 아침, 세계 4대 문명과 과학의 태동

과학노리 글 · 카툰 플러스 그림 · 전국초등과학교사연구모임, 이태형 감수

2

사이언스주니어

이 책을 읽기 전에

우리가 배우고 있는 과학은 언제부터 시작되었을까요? 백 년 전이나 천 년 전? 아니면 더 오래전 옛날부터?

사실 아주 오래전 인류가 인간이란 이름을 갖던 시절부터 과학은 시작되었습니다. 처음엔 자연의 공포에서 벗어나기 위해 시작되었고, 그것을 토대로 좀 더 편하고 쉬운 도구나 생활에 필요한 것들을 충족시키기 위해 발전시켰습니다.

이렇게나 오랜 세월을 쌓아온 과학은 처음부터 지금처럼 독립적으로 공부해야 하는 하나의 학문으로 시작된 것이 아닙니다. 처음 원시인들은 추위를 피하기 위해 불을 지피는 법을 발견하였고, 그것이 발단이 되어 도시가 만들어졌으며, 도시의 사람들을 위한 물건들을 만들거나 건축물을 세우기 위해 여러 분야로 발달해 갔습니다.

그래서 과학은 인간이 거인으로 성장하는 역사를 보여주는 가장 중요한 것들입니다. 우리 인간의 역사가 발전하는 모습도 과학의 발전에서 찾아볼 수 있습니다.

처음 통나무를 굴려 커다란 돌을 운반하던 사람들이 바퀴를 발견하였고, 그 바퀴는 수레가 되어 물건을 운송하는 데 있어 큰 변화를 가져왔으며, 현대에는 결코 없어서는 안 될 것이 되었습니다.

우연히 누군가가 동굴 속으로 가져왔던 최초의 불도 인간의 삶을 완전히 바꿔 놓았습니다. 먹는 것에서부터 집에 이르기까지 구조를 바꿔 놓았으며, 이전까지는 추워서 갈 수 없던 땅에까지 인간의 자취를 남기게 되었습니다.

비록 출발은 작은 것이었지만 그 출발들이 없었다면 역사의 발전도 더뎠을 것이고, 아마 현대 문명의 혜택도 누리지 못했을 것입니다. 그리고 그 출발로부터 지금까지의 역사를 살펴보면 우리 인간의 미래의 모습도 상상해 볼 수 있습니다. 아직은 상상 속에서만 존재하는 기술들도 어쩌면 가까운 미래에 실현될지도 모르고 반대로 이러한 발전이 끔찍한 미래를 가져올 수도 있겠지요. 하지만 우리가 지금까지 걸어온 자취를 더듬다 보면 어떤 미래를 꿈꿔야 하고, 그 미래를 이루기 위해 어떤 노력을 해야 하는지도 알 수 있을 것입니다.

미래는 과거를 잘 이해하고 답습하며 현재 최선을 다하는 사람들에게는 꿈이 아닌 현실이 될 수 있습니다. 따라서 이 책은 미래의 소중한 꿈을 가진 어린이들이 자신의 꿈을 이루기 위해 어떤 노력을 하고 어떤 과정을 통해 현실로 만들어낼지를 알게 해주는 소중한 징검다리가 될 것입니다.

고산 (수학 · 과학 전문출판 기획인)

 감수의 글

우리의 꿈은 위대한 발전을 이룰 수 있게 하는 출발점입니다

여러분의 부모님들은 여러분의 나이 때 '푸른 하늘 은하수', '반짝반짝 작은 별'과 같은 동요를 부르며 우주를 꿈꾸었습니다. 그 동요 속의 우주는 이제 과학의 발달로 현실이 되었습니다. 과학은 여러분의 부모님들에게 꿈을 현실로 선물했습니다. 그리고 그 과학이 만들어 준 새로운 미래에 대한 희망이 여러분을 기다리고 있습니다.

앞으로의 미래를 아름답게 만드는 것은 여러분이 어떤 꿈을 꾸는가에 달려 있습니다. 작고 소박한 꿈부터 우주에 대한 원대한 꿈까지 하나하나의 꿈은 미래를 가꾸어 나가는 큰 힘이 됩니다.

고대 그리스의 철학자들은 '세상이 물로 만들어져 있다', 혹은 '불', '숫자', '흙'으로 만들어져 있을 것이라는 상상을 했습니다. 하지만 그러한 상상이 있었기에 원자의 구조를 밝히게 되었고, 오늘날 우리에게 소중한 에너지를 만들어 주고 있습니다. 우리의 생활에 편리함을 주는 많은 발명품도 그 시작은 작은 꿈에서 시작되었습니다. 그 꿈들을 이루기 위해 새로운 발견들이 나오게 되었고, 그 발견들은 또 다른 과학 혁명들을 불러왔습니다.

이렇게 우리의 꿈은 위대한 발전을 이룰 수 있게 하는 출발점입니다.

이제 여러분들이 부모님들의 뒤를 이어 그 출발점에 서 있습니다. 아름다운 미래를 꿈꾸고 여러분의 부모님이 그랬던 것처럼 그 꿈을 소중히 간직하세요. 그러면 그 꿈은 어린이 여러분을 희망으로 가득한 세상으로 인도할 것입니다.

《과학 블로그》는 어린이 여러분에게 아름다운 꿈을 꾸도록 도와줄 것입니다. 이 책에 등장하는 여러분의 부모님의 부모님, 그리고 아주 오래 전의 옛사람들이 꾸었던 꿈이 현실이 된 것처럼 이 책을 통해 여러분의 미래를 설계해 보세요.

대표 감수자 이태형

 차례

1부 문명의 시작 12

첫 번째 수업 자연을 이용하다 14
클릭클릭 지식 마우스 고대 문명 최초의 마을 형태 | 최초의 농기구

두 번째 수업 비옥한 초승달 지대 20
클릭클릭 지식 마우스 고대 중국의 농경 증거들 | 우리나라 농경의 흔적들

세 번째 수업 문명의 태동 메소포타미아 28
클릭클릭 지식 마우스 메소포타미아 문명의 발견 | 이슈타르 여신 | 고대의 법

네 번째 수업 문명의 건설자 수메르인 38
클릭클릭 지식 마우스 지구라트 축조의 과학 | 불에 구운 토기

다섯 번째 수업 문자의 발명자 수메르인 48
클릭클릭 지식 마우스 길가메시 서사시 | 구데아 왕의 원통 비문 | 설형문자의 기원이 된 수메르 물표

여섯 번째 수업 최초의 과학 혁명, 바퀴 56
클릭클릭 지식 마우스 우르의 왕릉 유물 | 중력과 마찰

일곱 번째 수업 청동기의 시작 64
클릭클릭 지식 마우스 우리나라의 청동기 | 아나톨리아 | 과학으로 본 청동 거푸집

2부 이집트 문명의 시작 72

첫 번째 수업 파라오의 나라 74
클릭클릭 지식 마우스 파피루스 제조법 | 미라를 만드는 방법 | 피라미드와 천문학 | 이집트의 신들

두 번째 수업 피라미드 건축 82
클릭클릭 지식 마우스 미라를 만드는 과정 | 피라미드 건축법 | 마야의 피라미드, 체첸이트사 | 유럽의 거석 문화 : 스톤헨지 | 오벨리스크 | 이집트의 불가사의 : 파로스의 등대

세 번째 수업 기자의 대피라미드 94
클릭클릭 지식 마우스 고대 7대 불가사의 : 제우스 신전 | 고대 7대 불가사의 : 아르테미스 신전 | 고대 7대 불가사의 : 로도스 상

네 번째 수업 신성한 문자 102
클릭클릭 지식 마우스 샹폴리옹과 토머스 영의 대결

다섯 번째 수업 이집트 과학의 전통 108
클릭클릭 지식 마우스 피라미드의 높이를 잰 탈레스 | 이집트 수학의 기원 : 메소포타미아 | 재미있는 수의 마술 | 이집트 서기

3부 인도와 중국의 문명 122

첫 번째 수업 인더스 문명의 시작 124
클릭클릭 지식 마우스 모헨조다로의 최초의 화장실

두 번째 수업 수와 '0'의 발견 128
클릭클릭 지식 마우스 수의 신비 : 황금비 | '0'은 '없다'는 뜻? | 셈의 시작 | 우리나라의 수학은 언제부터?

세 번째 수업 중국 최초의 문명 은나라 140
클릭클릭 지식 마우스 비단을 전한 호탄 왕국 | 실크로드

네 번째 수업 은의 청동기 148
클릭클릭 지식 마우스 청동 거푸집 | 중국의 도철문 | 알려지지 않은 고대 중국의 발명품

4부 고대 문명의 후계자들 158

첫 번째 수업 히타이트 160
클릭클릭 지식 마우스 대장장이 신 헤파이스토스 | 선사시대의 마지막 단계 철기 | 프리지아의 왕 미다스의 신화

두 번째 수업 바빌로니아 170
클릭클릭 지식 마우스 고대 7대 불가사의 : 바빌론 공중정원 | 바벨탑

세 번째 수업 아시리아 178
클릭클릭 지식 마우스 니네베 도서관 | 아카드의 홍수 신화 | 연산 기호는 언제 생겼을까?

네 번째 수업 헤브루 186
클릭클릭 지식 마우스 직각 그리기 시합

다섯 번째 수업 페니키아 190
클릭클릭 지식 마우스 유리의 발견 | 신라의 왕릉에서 발견된 유리그릇 | 우가리트의 알파벳 | 아히람 왕의 석관 알파벳 | 배의 발명

《과학 블로그》를 시작하며

우리가 사는 이 땅 위에는 오래전부터 한 '거인'이 살고 있었습니다. 그 거인은 자신의 몸보다 몇 배 큰 물체라도 쉽게 들어 올릴 수 있는 팔을 가지고 있습니다. 그리고 가만히 앉아서도 수천 킬로미터나 계속해서 달릴 수 있는 다리를 가지고 있습니다. 지금껏 어떤 새들도 오르지 못했던 곳까지 그를 데려다 줄 수 있는 날개를 가지고 있고, 바닷속 어떤 물고기보다도 빠르고 유연하게 물속을 헤엄칠 수 있는 지느러미를 가지고 있습니다.

또한, 그에게는 아무도 찾을 수 없는 곳에 숨어 있거나 어둠에 가려져 있는 물체를 볼 수 있는 눈이 있으며, 세상 어느 구석에서 속삭이듯 말하더라도 들을 수 있는 귀가 있습니다. 그동안 자신들의 앞을 막고 있던 산도 더 이상 그에게 장애물이 되지 않습니다. 그에게는 나이아가라의 엄청난 폭포라도 능히 견뎌낼 수 있는 힘이 있습니다. 옛날처럼 땅에서 주는 것을 받기만 하는 것이 아니라 땅을 자신의 힘으로 다스리게 되었고, 거대한 숲을 만들고, 바다와 바다를 연결하고, 황량한 사막에도 물을 끌어들여 자신들이 머물 땅으로 만들어 냈습니다. 그 거인의 이름은 바로 '인간'입니다.

그럼 우리 앞에 서 있는 거인은 언제부터 이 모든 능력들을 갖게 되었을까요? 그리고 어떻게 이런 힘을 갖게 되었을까요? 그러한 궁금증을 해결하기 위해 우리의 할아버지를 찾아볼까요? 그리고 그 할아버지의 할아버지, 또 그 할아버지…… 이렇게 거슬러 올라가다 보면 어느새 역사책에도 없는, 그리고 지금의 우리와는 사는 방식이나 얼굴 생김새, 입고 있는 옷까지도 다른 시대에 가 있을 것입니다. 아마도 그 시대는 우리가 '선사시대'라고 부르는 시대일지도 모릅니다. 거인을 찾아갔지만 그곳에 거인은 없을지도 모릅니다. 다시 거슬러 올라가더라도 아마 그 시기를 정확히 집어 찾아가기는 어려울 것입니다. 왜냐하면, 역사를 이루는 사건들로 넘어가게 되는 정확한 시기를 말한다는 것은 결코 쉽지 않은 일이기 때문입니다. 그것은 '한순간'에 일어난 일이 아니라 오랜 세월에 걸쳐 진행되며 눈에 잘 띄지도 않는 과정이었습니다.

이러한 과정들은 자연과학자들에 의해 대략적인 정도는 하나씩 알려지기 시작했습니다. 자연과학자들은 많은 물질들, 예를 들면 나무들이나 동물들, 바위들, 그리고 자연 현상들과 같이 우리를 둘러싼 모든 것들이 비록 속도는 느리지만 일정한 규칙을 가지고 변화한다는 사실을 발견했습니다. 그리고 그것들을 토대로 우리가 기록으로 볼 수 있는 역사들보다 더 오래된 일들을 상상으로 그려볼 수 있게 되었습니다.

그리고 이제 우리는 지구 위에 존재하는 것들은 시간의 흐름에 따라 진화와 멸종이라는 변화를 겪는다는 것도 알게 되었습니다. 어떤 변화는 우리가 눈치채지 못할 정도로 서서히 일어나지만 어떤 변화는 눈 깜짝할 사이에 일어나기도 합니다. 이제 우리는 이러한 변화들을 찾는 여행을 떠날 것입니다.

1부
문명의 시작

Start

📙 **교과 연계**

초등 3 | 흙을 다루는 물
초등 3 | 식물의 잎과 줄기
초등 4 | 강과 바다
초등 5 | 기온과 바람
초등 6 | 계절의 변화
중등 1 | 생물의 구성
중등 3 | 물의 순환과 날씨 변화

01 첫 번째 수업
02 두 번째 수업

03 세 번째 수업

04 네 번째 수업
05 다섯 번째 수업

06 여섯 번째 수업
07 일곱 번째 수업

01 첫 번째 수업
자연을 이용하다

카테고리

과학 블로그 1부
- 첫 번째 수업
- 두 번째 수업
- 세 번째 수업
- 네 번째 수업
- 다섯 번째 수업
- 여섯 번째 수업
- 일곱 번째 수업

양이 털을 생산하고, 닭이 알을 낳으며, 소가 새끼를 낳으면 우유를 만들어 내는 것은 자연의 법칙입니다. 인류 또한 서서히 인간으로 탈바꿈하면서 이러한 법칙들을 이용하기 시작했습니다.

바로 동물들을 키우기 시작한 것입니다. 그리고 이들이 가장 먼저 길들이기 시작한 것이 개였습니다. 개가 우리 인간과 함께 한 것은 대략 기원전 1만 년부터입니다. 개는 인간을 대신하여 가축들을 지키고 밤이면 인간을 보호하기 위해 보초를 섰습니다. 동물을 길들이는 법을 알게 된 인간은 차츰 말과 염소, 양도 길들이기 시작했습니다. 이 시기에 우리나라는 닭과 같은 동물들을 길들였습니다.

그리고 이즈음 최초의 농부들이 지금의 이라크 지역인 중동의 '비옥한 초승달 지역'이라는 곳에 나타납니다. 최초의 농부들은 자신들이 먹었던 식물들이 긴 겨울이 지나고 봄이 오면 다시 그곳에서 자라난다는 것을 깨닫고 한곳에 정착하기 시작했습니다. 이들은 간단한 도구를 이용해 땅을

만만한 과학용어 검색

고대 수메르의 전통적인 방식을 본뜬 이라크의 관개 시설

관개 시설

농사에 필요한 물을 농지로 끌어대기 위해 설치한 인공 시설로, 자연에서 내리는 비만으로는 물을 충분히 공급받을 수 없기 때문에 만든 것입니다. 기원전 3200년경 고대도시 수메르의 인간 탄생 설화에서 이미 농사를 짓기 위해 수로를 만들었다는 기록이 있으며, 우리 나라에서 가장 오래된 관개 시설로는 330년(백제 비류왕 27년)에 축조한 김제 벽골제와 같은 저수지가 있습니다.

수로나 저수지를 이용하여 물을 가두어 두었다가 필요할 때마다 물길을 열어 논밭에 물을 공급해 줍니다. 관개에는 주로 세 가지 방법이 있는데 지표면을 따라 물이 흐르게 하는 지표 관개, 공중에서 물을 뿌리는 살수 관개, 지하에 묻은 파이프를 이용하여 물을 공급하는 지하 관개가 있습니다. 지하 관개의 경우 수분 증발을 최대한 줄일 수 있는 형태를 띠고 있는데, 이를 '카나트'라고 합니다.

경작하는 방법을 알게 되었습니다. 또한, 초기 관개 시설도 만들어 냅니다. 관개 시설이란 곡식을 재배할 논에 물을 대는 시설인데, 이는 역사상 중요한 발명 중 하나입니다.

중동의 비옥한 초승달 지역의 사람들과 1만 3,000년 전에 아메리카로 건너간 인디언들은 거의 같은 시기에 논에 물길을 만들어 물을 대기 시작 했습니다.

아메리카의 인디언들은 애리조나 주, 뉴멕시코 주, 텍사스 주 등지에 거주하면서 수렵 문화인 코치스 문화를 이루었으나, 이들 문화는 농경 문화로 발전되지 못하고 수렵 문화에 그쳤습니다. 기원전 3500년경 멕시코로부터 옥수수가 도입된 뒤에야 농경 생활에 접어들게 되었고 이때부터 관개 시설을 이용하게 되었다고 합니다.

이와 함께 저수지와 수문을 사용할 줄 알게 되면서 강에서 멀리 떨어진 땅에서도 곡식을 재배할 수 있었습니다. 이후 중국과 이집트에서는 해마다 홍수로 범람하는 강을 이용해 관개 농업을 시작하였습니다.

메소포타미아 문명 최초의 밀 경작지

고대 문명 최초의 마을 형태

일반적으로 최초의 고대 마을은 같은 핏줄을 가진 씨족들이 모여서 형성되었습니다. 씨족들로 이루어져 있기 때문에 계급이나 지배자가 발생하지 않았고, 씨족 구성원은 상호 평등한 지위를 가졌습니다. 자급자족 형태를 띠었으며 차츰 문명이 발생하였고, 자연적으로 사람들이 모여 살기 시작하면서 몇 개의 씨족이 모여 더 큰 마을의 형태로 발전하였습니다. 후에 농경 기술이 발달하면서 잉여 생산이 가능해지자 점차 계급이 생겨났습니다.

씨족들이 모이면 발전된 마을 형태의 부족이 되는데, 그 예로 고대 그리스의 폴리스를 들 수 있습니다.

최초의 도시로 성장한 수메르 우르(Ur)의 도시를 복원한 모습

최초의 농기구

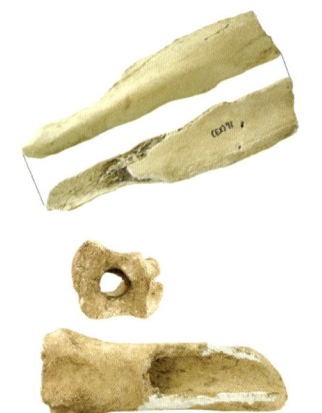

최초의 농기구 뒤지개

물을 퍼올리는 기구인 샤더프

최초의 농기구로는 '뒤지개'가 있습니다. 우리나라에서 농경이 시작된 신석기시대부터 쓰기 시작한 것으로, 긴 작대기 끝을 뾰족하게 깎아서 땅을 파는 데 사용하였습니다. 땅속을 뒤져서 식물의 뿌리나 열매를 캐는 데 쓰기도 하고, 농사 지을 때 어린 나무나 잡초 등을 제거하는 데도 사용되었습니다. 뒤지개는 브라질의 인디오 부족이나 동남아시아의 화전 농경민 등 세계 여러 지역에서 널리 사용되었으며 밭을 갈거나 제초 작업, 알뿌리 수확 등에도 사용되었습니다. 이것은 후에 '따비'라는 농기구로 발전합니다.

또 최초의 농기구 중 '샤더프(shaduf)'라는 것이 있습니다. 오늘날 사용하는 스프링클러의 단순한 형태로, 수로에서 물을 퍼내어 농경지에 물을 대주는 역할을 하였습니다. 기둥 꼭대기에 긴 막대기를 곤추세운 뒤 막대기 한쪽 끝에 무거운 것을 매달고, 다른 쪽 끝에는 가죽 바구니를 매달았습니다. 그런 다음 가죽 바구니를 수로에 담가 물을 채운 다음 반대쪽 끝을 끌어내림으로써 바구니가 위로 올라가 농작물에 물이 쏟아지도록 하여 논에 물을 공급했습니다.

비옥한 초승달 지대

최초의 농경이 이루어진 곳으로 초승달 모양의 비옥한 땅이며, 지금의 이라크 대부분 지역을 가리킵니다. 지금은 황폐하게 변했지만 아마 오랜 옛날에는 오늘날보다 훨씬 온화하여 농사짓기에 좋은 기후였을 것입니다. 특히 훗날 최초의 세계 문명이 시작되는 메소포타미아와 나일 강 인근에서는 보다 많은 농작물이 수확된 것으로 여겨지고 있습니다. 이곳을 지도에서 찾아보면 남쪽으로는 아라비아 사막에서 시작해서 북쪽으로는

오늘날까지도 전통의 흔적이 남아 있는 메소포타미아의 농경

아르메니아 산맥 사이에 위치하고 있습니다. 그리고 바빌로니아를 포함해 그 이웃 이란의 남서쪽에서 티그리스 강과 유프라테스 강을 따라 고대의 아시리아까지 뻗어 있습니다. 그리고 아시리아 동쪽의 자그로스 산맥 서쪽에 위치한 시리아를 지나 지중해까지, 남쪽으로는 지금의 팔레스타인까지 포함하고 있습니다.

1. 밀을 갈 때 쓰는 맷돌로, 이것으로 밀을 갈아 오늘날의 팬케이크 같은 것을 만듦
2. 기원전 5,000년 전에 만들어진 물병에 새겨진 밀의 그림
3. 삼각형의 물통과 지렛대를 이용해 농경지에 물을 대는 모습을 새긴 부조(평면상에 떠오른 형상)
4. 긴 뿔 형태의 파종기를 이용해 골을 따라 씨앗을 뿌리는 모습을 새긴, 흙으로 빚은 물병의 그림

팔레스타인과 이집트 사이에 시나이 반도가 있으나 메소포타미아와 시리아 사이의 사막보다 작아 이집트의 나일 강 유역까지 비옥한 초승달 지대에 포함시키는 경우가 많습니다. 농업에서 만족스러운 수확을 얻기 위해서는 이 지역 전체에 걸쳐 관개가 필요했으며, 관개 시설이 없으면 농사를 지을 수 없는 곳도 많았습니다.

넓게 잡았을 때 이렇게 나일 강 유역까지 포함하는 비옥한 초승달 지대는 《구약성서》〈창세기〉에 나오는 히브리 사람들의 이야기에 자주 등장하는 곳이기도 합니다. 그리스·로마로 이어지는 위대한 문명의 기초가 된 고대국가 바빌로니아와 아시리아, 피라미드로 유명한 이집트, 상업이 발달한 페니키아도 이곳에 자리 잡고 있었습니다.

티그리스와 유프라테스 강이 만나는 알 쿠르나

앞에서 설명한 대로 우리가 알고 있는 최초의 문명인 메소포타미아 문명과 그 뒤를 이은 이집트 문명이 바로 이 초승달 지대에서 발생했음은 방사성 탄소 연대 측정법이 발달하면서 사실로 드러나게 되었습니다. 이곳에서는 기원전 1만 년에서 8,000년 사이에 원시적인 농업이 이루어졌고, 이로 인해 사람들이 모여 사는 마을이 만들어졌으며 관개 시설도 이용했다는 사실이 널리 알려졌습니다.

고대 우르의 유적

고대 중국의 농경 증거들

기원전 3000년경 중국의 황허 강 유역에서는 비옥한 평야를 중심으로 농경 문화가 발달하여 중국 문화의 원류가 된 것으로 알려져 있습니다.

하지만 황허 강을 중심으로 한 농경 문명은 인더스 강을 중심으로 발달한 문명에 비해 그다지 명확하게

중국의 계단식 밭
계단식 밭은 농토가 부족한 농민들이 산기슭을 개간하여 만든 것으로, 농민들의 피와 땀이 서려 있습니다. 현재는 아름다운 경치로 인하여 관광 자원으로 활용되고 있습니다.

는 알려져 있지 않습니다. 기원전 5000년을 전후해 비옥한 황허의 하류 지대의 평지에 정착해 살기 시작한 고대 중국인들은 나일 강이나 티그리스 강, 유프라테스 강, 인더스 강의 델타 지대에 살던 사람들보다 더 심각한 어려움에 직면해야 했던 것으로 알려져 있습니다.

항시 물을 머금고 있어 수목이 번성한 넓은 늪지대를 농사지을 땅으로 바꾸기 위해서는 배수 시설에 신경을 써야 하는 것은 물론 불규칙하게 범람하는 강과 상대적으로 더 추운 기후로 인한 강의 동결과 유수에 대처할 필요가 있었습니다. 그러한 어려운 여건에서도 그들은 운하를 파서 교통과 농경을 발달시켰습니다. 중국 문화의 원류인 황허 유역의 문화는 황토와 홍수 등에 의해 변화와 발전을 거듭해 온 것입니다.

중국 농경 문화의 증거로는 1921년에 허난성 민지현 양소촌에서 발견된 신석기 유물이 있습니다. 홍도와 채문토기가 특색이며 유물 중에는 그 당시의 농경 생활을 엿볼 수 있는 돌도끼, 돌호미, 조 껍질 등이 발견되었습니다. 또 용산진 성자애에서는 보리, 조를 재배하고 목축, 수렵, 채집 생활과 제례 의식을 한 흔적을 볼 수 있으며 이러한 농경 문화 유물들은 황허 강 유역에서 주로 발견되었습니다.

우리나라 농경의 흔적들

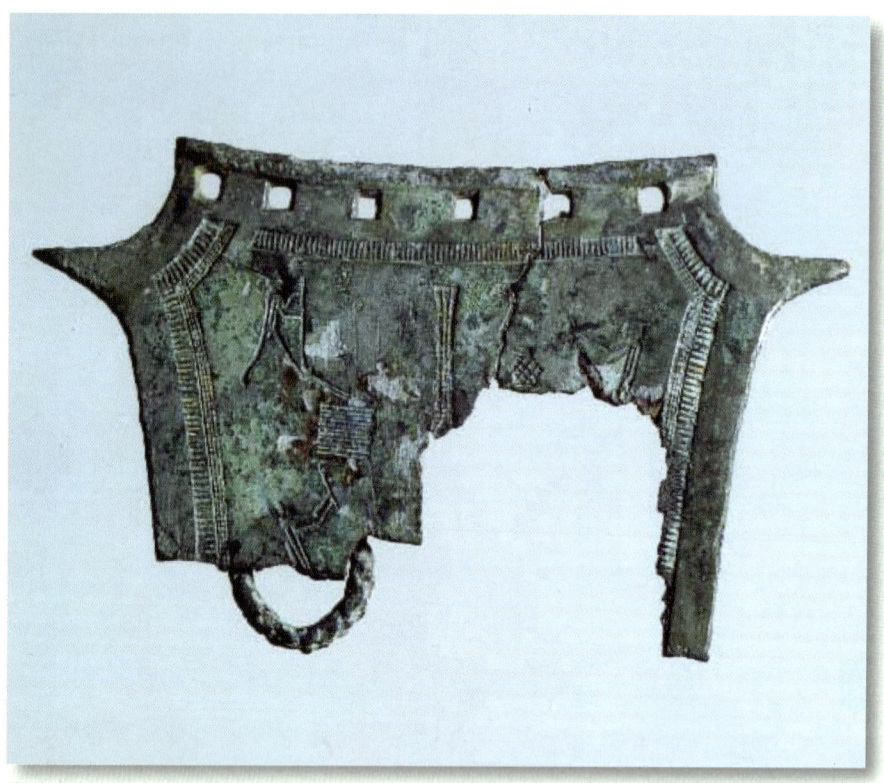

우리나라의 농경 문양 청동기
농사 짓는 모습이 새겨진 청동기로, 초기 철기시대의 유물입니다. 방패 모양이며 윗부분에 6개의 구멍이 있고, 한쪽 면에는 둥근 고리가 달려 있습니다. 대전광역시 괴정동의 돌무덤에서 출토되었으며 주술적인 의례에 사용되었던 것으로 추정됩니다.

 신석기시대 초기에는 식물의 열매나 뿌리를 채집하여 먹는 생활을 하다가 시간이 좀 더 흐른 후기부터 정착 생활과 함께 농경이 시작된 것으로 보이며, 가축도 기르기 시작하였습니다.
 빗살무늬토기로 대표되는 독특한 농경 문화가 발해만 연안에서 발달하였습니

다. 돌괭이로 땅을 일구어 조, 피, 수수 등의 곡식을 생산하였으며 돌낫, 뼈낫 등으로 추수를 하였고 돌갈판에 곡식을 갈아서 음식을 만들어 먹었습니다. 황해도 봉산군 지탑리 유적에서 돌가래, 돌보습, 돌낫 등의 농기구와 불에 탄 곡물이 발견되었습니다.

왼쪽의 빗살무늬가 그려진 토기는 곡식의 씨앗이나 식량 등을 담아둔 것으로 추정되고 있습니다. 아랫부분이 뾰족한 것은 모래가 많은 해안가 지역이나 바닥이 무른 지역에 그릇을 세울 수 있도록 하기 위한 것입니다.

김제의 벽골제는 우리나라에서 최초로 만들어진 저수지로, 논이나 밭에 물을 댈 수 있도록 저장한 곳입니다.

쉿! 상위 1%로 가는 비밀 수업 과학 블로그 N   내 블로그 | 바로가기 ▼ | Login

문명의 태동
메소포타미아

카테고리

과학 블로그 1부
- 첫 번째 수업
- 두 번째 수업
- **세 번째 수업**
- 네 번째 수업
- 다섯 번째 수업
- 여섯 번째 수업
- 일곱 번째 수업

뜨거운 바람이 몰아치는 이라크 남부의 사막 지대는 5,500년 전에는 황폐한 사막이 아니었습니다. 이곳에서 바로 인류 최초의 문명인 메소포타미아 문명이 태동한 사실을 보면 알 수 있습니다.

1899년, 지금의 바그다드 남서쪽 사막에서는 전 세계를 깜짝 놀라게 만

이슈타르 여신의 상징인 사자가 그려진 이슈타르 문

든 유적이 발견되었습니다. 당시까지만 해도 성경에서나 존재하는 줄 알았던 바빌론의 이슈타르 문이 땅 위로 그 모습을 드러냈기 때문입니다. 높이만 해도 자그마치 14미터에 이르는 코발트색의 거대한 문이었습니다. 이 문에는 이슈타르 여신의 상징인 사자와 그 당시 사람들이 숭배했던 다른 여러 동물들이 새겨져 있었습니다.

이 문의 발견으로 사람들은 메소포타미아 사람들이 얼마나 큰 번영을 누렸는지 알게 되었습니다. 메소포타미아 사람들은

함무라비 왕의 비석과 거기에 새겨진 함무라비 법전

만만한 과학용어 검색

함무라비 법전

1901년에 발견된 함무라비 법전은 함무라비 왕이 만든 고대 바빌로니아의 법전입니다. 초기의 설형문자로 쓰여진 것으로 메소포타미아 지방에서는 1,000년 동안이나 이 법이 지켜졌다고 합니다.

함무라비 법전은 거의 원형 그대로 발견되었으며, 돌의 아랫부분에 쓰인 설형문자는 그들이 사용했던 문자의 법칙에 대한 연구를 촉진시켰을 뿐만 아니라, 12표법(表法)이나 헤브루법 등 여러 고대법과 비교하는 데 중요한 자료가 되었습니다.

뛰어난 건축물과 미술 작품만 남긴 것이 아니라 지금까지도 우리에게 영향을 미치는 지적, 사회적 질서들을 만들어 냈습니다.

문자가 처음으로 발명되어 쓰인 곳도 메소포타미아였습니다. 그림에서 보이는 돌표면에 새겨진 쐐기형 문양이 바로 설형문자입니다. 이것이 바로 '눈에는 눈, 이에는 이'라는 유명한 문구가 들어 있는 함무라비 법전입니다. 함무라비 법전은 약 3,800년 전에 쓰여졌습니다.

지금까지 인류에게 알려진 것 중 가장 오래된 문자화된 법이라 할 수 있습니다. 이 오래된 문명의 발원지인 메소포타미아는 '두 강 사이의 땅'이라는 뜻입니다. 두 강은 유프라테스 강과 티그리스 강을 말하는 것으로, 고대 문명 발생의 젖줄이었다고 할 수 있습니다.

메소포타미아 문명의 발견

우르는 메소포타미아 문명을 대표하는 수메르 문명 시기에 세워진 도시로, 이 도시의 유적을 우르 유적이라고 합니다. 제1차 세계대전 이후 영국의 고고학자 찰스 레너드 울리 경이 최초로 우르 유적에 대한 발굴을 시작했으며, 후에 공동 탐사단이 구성되어 본격적인 발굴이 진행되었습니다.

우르 유적은 해안선의 상승으로 인해 상당 부분이 사라졌는데 이라크 남부 텔엘무카야 근처에 그 일부가 남아 있습니다. '시구라트'가 대표적인 유적으로, 이는 사각형의 테라스가 층층이 쌓아 올려져 있고 맨 위에는 직사각형의 신전이 있는 형태입니다.

지구라트 외에도 공동묘지 유적, 왕의 무덤, 작은 신전, 그리고 우르 시의 주택가 등에서 도장, 점토판, 비문, 귀금속, 준 보석류, 악기 등이 발견되었습니다. 또 발굴을 통해 우르에서는 왕이 죽으면 관리, 노예, 여성 등을 함께 묻는 관습이 있었다는 사실도 밝혀졌습니다. 이처럼 발굴된 유물들 덕분에 우르 역사의 대부분이 밝혀졌고 메소포타미아 역사에 대한 많은 자료도 얻을 수 있었습니다.

이슈타르 여신

메소포타미아 신화에 나오는 아시리아와 바빌로니아의 여신입니다. 미와 연애, 풍요와 다산, 전쟁, 금성을 상징하며 이난나, 아스타르테, 아누니트, 에서더로 불리기도 합니다.

천신(天神) 아누의 딸이며 많은 애인을 가진 것으로 알려져 있습니다. 풍요의 신 두무지가 배우자였으며, 그리스 신화에서는 아프로디테와 동일시되었습니다. 수메르인들의 전설에 의하면 이슈타르는 다산의 상징이지만, 신화에서는 죽음과 재난에 둘러싸인 좀 더 복잡한 신으로 발전합니다.

이슈타르는 방화와 진화, 기쁨과 눈물, 공정한 경쟁과 적의 등 서로 모순된 의미와 힘을 가진 여신이었습니다.

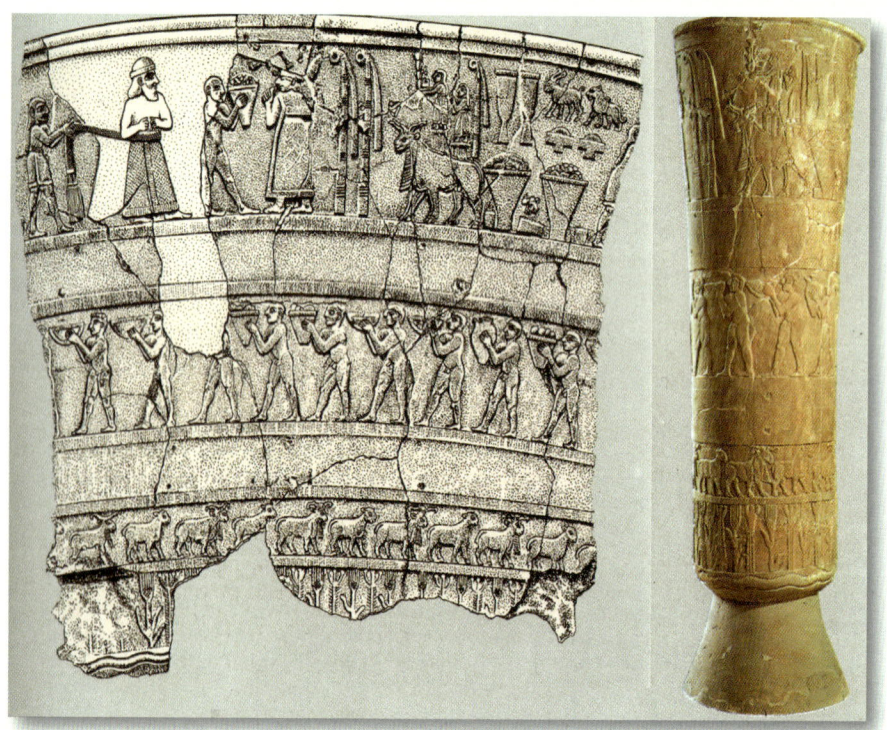

이슈타르 여신에게 바칠 제물을 들고 가는 모습이 새겨진 물병

이슈타르 여신과 동일시된 달의 여신 아르테미스    그리스 신화의 아르테미스와 동일시된 이슈타르 여신

  고대의 법

모세의 십계명

하느님이 시나이 산에서 모세를 통해 이스라엘 백성에게 내린 10가지 계명입니다. '십계'라고도 불리며, 원래는 2개의 돌판에 새겨져 있었다고 합니다. 《구약성서》의 〈출애굽기〉20장 3~17절과 〈신명기〉5장 6~21절에 거의 비슷한 형태로 쓰여 있습니다.

십계명의 내용은 '첫째, 하나이신 너희 하느님을 흠숭하여라. 둘째, 하느님의 이름을 함부로 부르지 말라. 셋째, 주일을 거룩히 지내라. 넷째, 부모에게 효도하라. 다섯째, 살인하지 말라, 여섯째, 간음하지 말라. 일곱째, 도둑질하지 말라. 여덟째, 거짓 증언을 하지 말라. 아홉째, 남의 아내를 탐내지 말라. 열째, 남의 재물을 탐내지 말라'입니다. 이 계명은 후대에 이스라엘의 모든 율법의 기초가 되었습니다.

크레타 섬의 고르틴 법전

고대 그리스의 고르틴 유적에서 발견된 것으로, 기원전 5세기에 만들어진 것입니다. 로마 시대의 소극장 벽면에 새겨져 있으며 그리스 시대의 법전으로 추정됩니다. 길이 30피트, 높이 5피트의 벽에 남아 있으며 총 60행의 내용을 담고 있습니다. 친족, 상속법을 중심으로 형법, 민사소송법, 노예 소유권, 약탈과 불륜, 이혼 시 미망인의 권리, 이혼 후 태어난 아이들의 양육, 면죄, 양자 등의 내용이 체계적으로 기록되어 있습니다. 특히 여성의 권리는 줄어든 반면, 고대 그리스 노예의 권한은 늘어난 것을 볼 수 있습니다. 그리스 법전 중 가장 오래된 것으로, 그리스 법에 관한 중요한 사료로 여겨지고 있습니다.

고르틴 유적에서 발견된 법전

이집트의 법

메네스 왕 치하에서 만들어져 이집트의 통일이 이루어지면서 이집트 정복 때까지 발전한 법률을 말합니다. 몇몇 파라오가 입법자로 알려져 있지만, 오늘날에는 이집트의 어떠한 공식적인 법전도 보존되어 있지 않습니다. 하지만 법률 거래에서 날인 증서나 계약서 등의 문서들이 남아 있어 그 당시 법의 실체를 가늠해 볼 수 있습니다.

모든 사건을 해결하는 가장 큰 권한은 파라오에게 있었으며 거의 절대적이었습니다. 고대 이집트의 법은 가족과 상속권에 대하여 남성뿐만 아니라 여성도 완전한 권리를 부여받았습니다. 노동자 계급 또한 일정한 법적 권리를 가지고 있었으며 노예도 일정한 조건하에 재산 소유가 가능했습니다. 형사법에서 대부분의 극악한 범죄는 파라오만이 판결했으며 중죄에 대한 처벌로 징역과 사형, 경범죄의 처벌로는 종종 손발 절단과 태형이 있었습니다. 이와 같은 처벌은 야만스러워 보일 수도 있지만 기본적인 인권 보장에 관한 법률은 매우 잘 갖춰져 있었습니다.

고대 그리스의 노예법

고대 그리스에는 빚을 감당하지 못해 생긴 채무 노예와 정복 노예, 외부에서 사오는 구매 노예가 있었습니다. 노예의 수는 많지 않았으며, 그들은 주로 수공업, 상업, 광업에 종사했습니다. 따라서 노예 제도가 제대로 정착된 것은 아니었습니다.

대부분의 노예에게는 가족이나 재산이 없었으며, 종교의 자유만 인정되었습니다. 이들의 신분은 세습되었고 인격이 없다고 여겨져 가축과 같은 취급을 받았습니다.

고대 그리스의 노예 신분에 관한 법전

쉿! 상위 1%로 가는 비밀 수업 과학 블로그 Ⓝ   내 블로그 | 바로가기 ▼ | Login

문명의 건설자
수메르인

01 02 03 **04 네 번째 수업** 05 06 07

카테고리

과학 블로그 1부
- 첫 번째 수업
- 두 번째 수업
- 세 번째 수업
- **네 번째 수업**
- 다섯 번째 수업
- 여섯 번째 수업
- 일곱 번째 수업

수메르인은 지금으로부터 약 7,000년 전에 이미 비옥한 초승달 지역인 메소포타미아 평원에 자리 잡았습니다. 이들이 바로 독립적인 도시국가를 세우고 최초의

문명을 발달시킨 사람들입니다. 수메르인들이 세운 도시국가란 하나의 도시가 하나의 나라를 이루는 것을 말합니다.

이들이 세운 몇몇 도시국가는 거의 3,000년이나 지속되기도 했습니다. 이 도시들은 티그리스 강과 유프라테스 강의 주요 무역이 이루어지는 곳에 자리 잡아았습니다. 이들은 무역을 위해 이집트와 인도를 여행하기도 했습니다.

수메르의 도시 우르를 그린 점토판 지도

수메르의 도시들에는 공공건물과 시장, 장인들의 작업장, 관개 시설 등이 있었습니다. 또한, 그곳에는 왕이 살고 있는 왕궁과 거대한 지구라트가 존재했는데, 지구라트 맨 꼭대기

만만한 과학용어 〔검색〕

지구라트 (ziggurat)

하늘에 있는 신들과 지상의 인간들을 연결하기 위한 고대 메소포타미아 문명의 종교적인 건축물입니다.
원래는 각 도시마다 있었지만 모두 사라지고, 오늘날까지 원형이 보존되어 있는 것은 우르에 있는 지구라트뿐입니다. 내부에는 방이 없으며 점점 작아지는 사각형의 테라스를 높게 쌓아 올린 형태로 맨 위에는 직사각형의 신전이 있습니다. 경사진 곳과 테라스를 나무와 관목으로 조경하여 공중정원 같은 구조를 만들었습니다. 성경에 나오는 바벨탑은 바빌론에 있는 지구라트로 여겨지고 있습니다.

에는 도시를 지켜주는 신전이 있었습니다.

지구라트는 수메르인들이 천국에서 온 신들을 맞이하고 그들의 메시지를 듣는 곳이었습니다.

그리고 도시에 사는 사람들의 집들이 모여 있어 공공건물의 주변을 둘러싸고 있었습니다. 도시를 벗어난 강 근처에는 농작물을 가꾸는 비옥한 땅과 습지가 있었습니다.

많은 도시가 지구라트를 중심으로 동쪽과 서쪽으로 각각 690미터, 남쪽과 북쪽으로 1,030미터에 걸쳐 방대하게 뻗어 있었습니다. 지구라트는 4층으로 되어 있으며 그 높이가 30미터나 됩니다. 이곳은 성역이었기 때문에 도시 안에 또 다른 성벽을 쌓았습니다. 도시 밖에 있는 농부들의 집은 갈대로 만들어졌습니다.

이들이 경작한 농경지에서는 그 당시 물을 어떻게 관리했는지 알 수 있는

당시 농민들이 살던 갈대 집을 묘사한 부조

관개 농업의 흔적들이 발견되고 있습니다. 거미줄 같은 운하는 메마른 토지를 비옥한 옥토로 만들었을 것입니다. 그리고 저장해 놓은 물을 농경지로 보내는 수문도 발견되었는데, 이 수문은 물이 스며들지 않도록 구운 벽돌로 만들어져 있었습니다. 물이 스며들지 않는 단단한 벽돌은 우연히 발견되었습니다.

처음 불을 발견하고 나서 사람들은 그 불을 이용해 고기를 굽기도 하고 불을 밝히기도 하며 생활했습니다. 그런데 우연히 불 옆에 있던 흙이 단단해진 것을 발견하여 이를 응용하기 시작한 것입니다. 현재 우리가 쓰는 그릇이나 옛날 도자기

들도 흙을 불에 구워 단단하게 만든 것입니다.

　이렇게 불을 이용해 처음으로 그릇을 만든 것이 기원전 7000년의 일입니다. 그리고 이 원리는 현대에도 로켓을 발사하는 등 첨단 기술에 응용되고 있습니다.

오늘날 우주로 쏘아 올리는 로켓은 흙을 구워 만든 세라믹 소재로 만듭니다. 왜냐하면, 우주로 나가기 위해서는 대기권을 통과해야 하는데 이때의 열은 지구 상의 어떤 금속도 녹일 정도로 강합니다. 따라서 이 온도에 견딜 수 있는 유일한 물질인 세라믹을 사용하게 된 것입니다.

지구라트 축조의 과학

    티그리스 강과 유프라테스 강은 터키 아나톨리아 고원의 얼음이 녹아 그 물이 흘러내리면서 만들어진 것입니다. 그러나 아나톨리아 고원은 강수량의 차이가 매우 커서 위험한 지역이었습니다.
    갑자기 많은 비가 내리기라도 하면 강 상류에서 많은 물이 흘러내려 하류가 범람하여 메소포타미아의 도시들이 물에 잠기기 일쑤였습니다. 실제로 이 강은 나일 강의 길이에 비하면 절반에도 미치지 못해 더욱 치명적이었습니다. 그래서 이곳 사람들은 지구라트를 건설하면서 하단에 특수한 도료를 입혔습니다. 이 도료는 우르 북쪽으로 약 600킬로미터 떨어진 '히트'라는 도시에서 가져온 것인데, 땅에서 유황과 함께 흘러나온 역청으로 자연산 아스팔트의 일종입니다. 역청은 물과 분리되는 성질이 있어 도시가 범람하더라도 흙으로 만들어진 지구라트는 무

너지지 않았습니다.

　지구라트의 축조에 응용된 또 한 가지 중요한 기술이 있습니다. 그것은 바로 아치입니다. 지구라트는 4층으로 이루어져 있는데 그 구조가 매우 튼튼하여 오늘날까지도 끄떡없습니다. 그 기술의 핵심이 바로 아치 구조입니다. 통로를 만들거나 층을 올릴 때 아치를 이용하여 높이 쌓을 수 있었습니다.

　수메르의 점토판에는 대홍수에 관한 기록이 있습니다. 이 기록에 의하면 6일 낮, 6일 밤 동안 사나운 폭풍과 폭우로 온 도시가 물에 잠겼다고 합니다. 그리고 일곱째 날이 밝자 비는 멎었으나 강물이 무섭게 넘쳐 흘러 우르를 모두 삼켰지만 지구라트는 물에 잠기지 않고 무사했다고 합니다.

물이 스며드는 것을 막기 위해 역청을 바른 지구라트의 벽돌

불에 구운 토기

메소포타미아의 토기

    도자기의 시초는 토기라고 할 수 있는데, 이러한 토기는 기원전 7000년 전에 만들어졌습니다. 신석기시대에 처음으로 사용하기 시작하였으며, 진흙을 빚어 불에 구워서 만들었습니다. 농사를 짓고 정착 생활을 하기 시작하면서 채집한 과일이나 채소, 곡식 등을 담아둘 것이 필요했고 생활에 필요한 용구를 갖기 위하여 토기를 만들기 시작한 것입니다.

    처음에는 가마 없이 평평한 땅 위에서 만들었지만, 기술이 발전하면서 구덩이를 파고 그 안에서 굽게 되었습니다. 초기의 그릇에는 무늬가 없었으나 차츰 빗살무늬를 새긴 빗살무늬토기를 만들기 시작했습니다. 이 토기는 끝을 뾰족하게 모래땅에 세워 사용하였습니다. 진흙을 불에 굽기만 한 것으로 단단하지 못했기 때문에 곡물을 쪄 먹거나 식량을 저장하는 용도로만 사용하였습니다.

중국의 토기

기원전 2200년경의 중국 토기

기원전 3000년경의 이집트 토기

쉿! 상위 1%로 가는 비밀 수업 과학 블로그 내 블로그 | 바로가기 | Login

문자의 발명자 수메르인

05 다섯 번째 수업

카테고리

과학 블로그 1부
- 첫 번째 수업
- 두 번째 수업
- 세 번째 수업
- 네 번째 수업
- **다섯 번째 수업**
- 여섯 번째 수업
- 일곱 번째 수업

수메르인들은 농작물의 생산이 늘어남에 따라 수확량을 기록할 기호가 필요했습니다. 그래서 그들은 사물의 모양을 본뜬 그림으로 기호를 표시하기 시작했는데, 점차 복잡해지고 표시할 내용이 많아지면서 그림들도 다양해졌습니다.

왼쪽 위의 그림을 보면 기호들이 좀 더 복잡해진 것을 알 수 있습니다. 식물의 알곡을 그린 듯한 기호는 보리를 나타냅니다. 그리고 그 옆에

있는 사람의 입과 빵 모양의 문양은 '먹는다'는 뜻입니다. 이 무늬들이 점차 발전되어 설형문자가 만들어지게 됩니다.

그리고 그들은 설형문자를 오래도록 보존하기 위해 기원전 3200년경부터 문자를 점토판에 기록하기 시작했습니다. 그것을 기록하는 작업은 중요

한 지위에 있는 특정한 사람만이 맡을 수 있었습니다. 지금까지 남아 있는 점토판들에는 여러 가지 계산법과 역사적인 기록, 성스러운 문구, 편지 등이 기록되어 있으며 그중 일부에는 현대 과학에까지 연결되는 중요한 발견들과 수학 이론들이 적혀 있습니다.

우리에게 익숙한 유명한 이야기 하나도 어느 점토판에서 발견된 것입니다. 아마 역사상 가장 오래된 서사시일 것입니다. 그것은 바로 도시 국가 우르의 왕인 길가메시에 대한 이야기입니다. 당시의 사람들이 가지고 있던 생각들도 이 길가메시의 이야기를 통해 알 수 있습니다.

수메르인들의 업적 중 가장 뛰어난 것은 법을 만들어 냈다는 것입니다. 농업이 발달하고 무역이 시작되면서 매사에 계약을 중시한 수메르인들이 만든 법을 함무라비 왕의 비석에서 읽을 수 있습니다. 함무라비는 바빌로니아의 제6대 왕으로서 함무라비 법전을 만들 것을 명령한 사람입니

사자를 안고 있는 길가메시의 부조

만만한 과학용어 검색

길가메시
고대 메소포타미아 수메르 왕조 초기 시대인 우르 제1왕조의 전설적인 왕입니다. 기원전 2600년경에 재위했던 것으로 추정되며, 수많은 신화나 서사시에 등장합니다. 신화 속 인물이지만 실제로 존재했을 가능성이 있습니다. 3분의 2는 신이고 3분의 1은 인간인 길가메시는 지나치게 혈기 왕성하고 거만했다고 합니다. 위대한 건설자이자 전사였으며, 땅과 바다에 대해 모든 것을 알고 있는 자였습니다. 그의 무용담을 기록한 〈길가메시 서사시〉는 기원전 2000년대의 점토판에 적혀 있습니다.

다. 그 이전부터 내려온 모든 법들을 모아 문자로 편찬한 것이 바로 함무라비 법전입니다.

법전의 총 282조항 중 대부분은 상거래나 결혼, 상속처럼 생활과 밀접한 관련이 있는 것들입니다. 이를 보면 메소포타미아의 사회 구조는 철저하게 법을 바탕으로 이루어져 있음을 알 수 있습니다.

길가메시 서사시

길가메시의 신화를 보여 주는 유물들

세계 최초의 바빌로니아의 서사시로서, 우르크의 전설적인 왕 길가메시를 노래하였습니다.

19세기에 수메르의 고대 도시들을 발굴하는 과정에서 발견되었는데, 《호메로스의 서사시》보다 1,500년 가량 앞선 것으로 평가되고 있습니다. 주인공 길가메시는 수메르, 바빌로니아 등 고대 동양의 여러 민족들 사이에서 유명했던 전설적인 영웅이자 왕으로서 미술 작품에서도 볼 수 있습니다. 현존하는 가장 완전한 형태의 판본은 니네베에 있는 아시리아의 아슈르바니팔 왕의 서고에서 발견된 12개의 점토판에 기록된 것인데, 이것도 완전하지 않아 학자들은 부분적으로 전해지는 여러 판본으로 전체 모습을 복원하고 있습니다.

이 서사시는 온갖 영화와 축복을 누리던 길가메시가 어느 날 영생불멸을 얻기 위해 여행을 떠나면서 시작됩니다.

길을 가는데 이슈타르 여신이 나타나 그에게 이렇게 말합니다.

"길가메시야, 너의 배를 맛있는 음식으로 채우고 밤과 낮, 낮과 밤을 새워 춤추고 기뻐하라. 항상 깨끗한 옷을 입고 몸을 정결히 하며 너의 손을 잡고 있는 자식을 귀히 여기며 아내를 따스하게 안아 행복하게 해 주어라. 이것만으로도 인간은 모든 것을 누리는 것이니라."

그 말을 듣고 길가메시는 더 이상 찾아야 할 것이 없음을 알고 우르로 되돌아옵니다. 그리고 왕으로서 자신의 의무를 다하고 일생을 마치기로 결심합니다.

이 이야기를 통해 우리는 당시의 수메르 사람들이 생명의 유한성을 인정하고 현실의 삶에 최선을 다해야 한다는 생각을 했음을 알 수 있습니다.

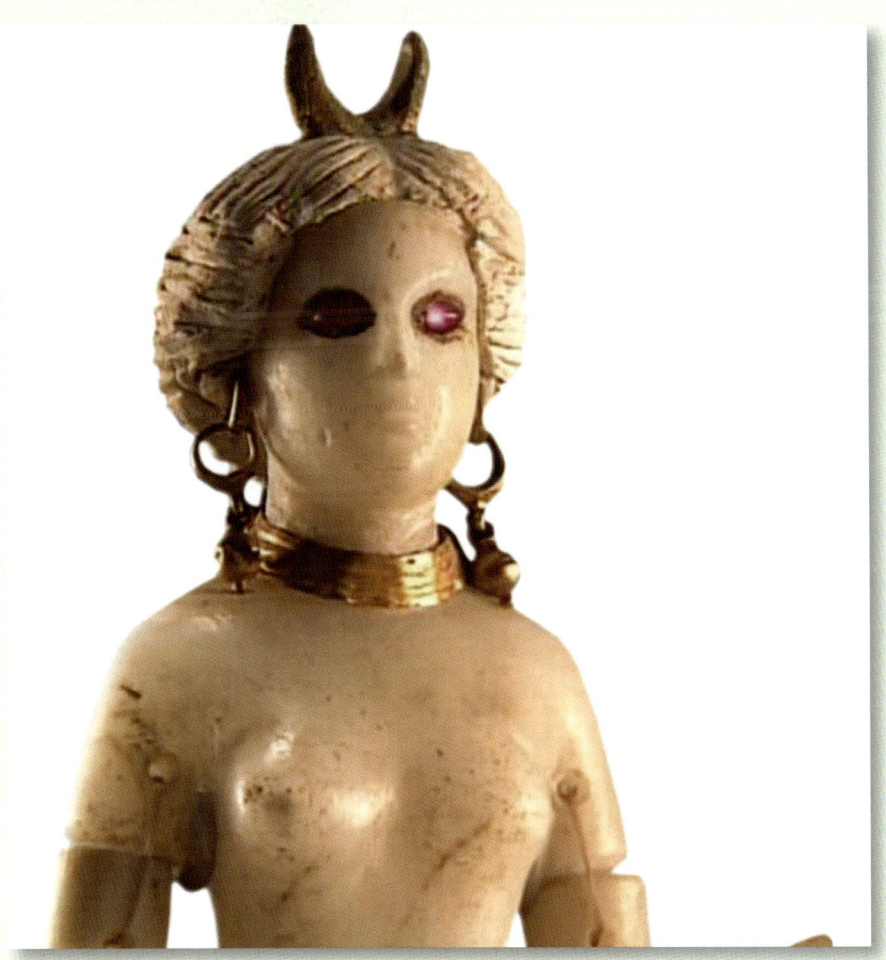

이슈타르 여신

구데아 왕의 원통 비문

구데아 왕의 돌 조각상

구데아는 나가쉬의 왕이었습니다. 오른쪽 그림은 닝기리쉬 신전에서 발견된 원통 모양의 돌로, 비문이 새겨져 있습니다. 이 돌들은 구데아의 신전들에서 많이 발견되었습니다.

이 돌들이 주목을 받는 것은 수메르 언어로 기록된 것 중 가장 오래되었고, 알기 쉬운 문헌들이 기록되어 있기 때문입니다.

그 내용은 역사적·문헌적 가치를 두루 지니고 있으며, 경제·종교 문서가 많이 포함되어 있어 기원전 3000년대의 수메르 문명을 연구하는 귀중한 사료가 되고 있습니다.

구데아는 문화 군주로 널리 알려져 있습니다. 그는 문화·예술을 위해 주변의 레바논, 시리아, 엘람 등지에서 목재나 석재, 금속 등을 들여와 신전을 지었다고 합니다. 그 덕분에 이 일대에서 많은 유물이 발견되었고 비문 또한 이곳에서 발견되었습니다. 비문에는 빈민이나 과부에 대한 보호, 여성의 상속권 같은 것들이 쐐기문자로 기록되어 있습니다.

구데아 왕의 원통 비문

 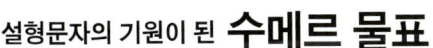 

설형문자의 기원이 된 **수메르 물표**

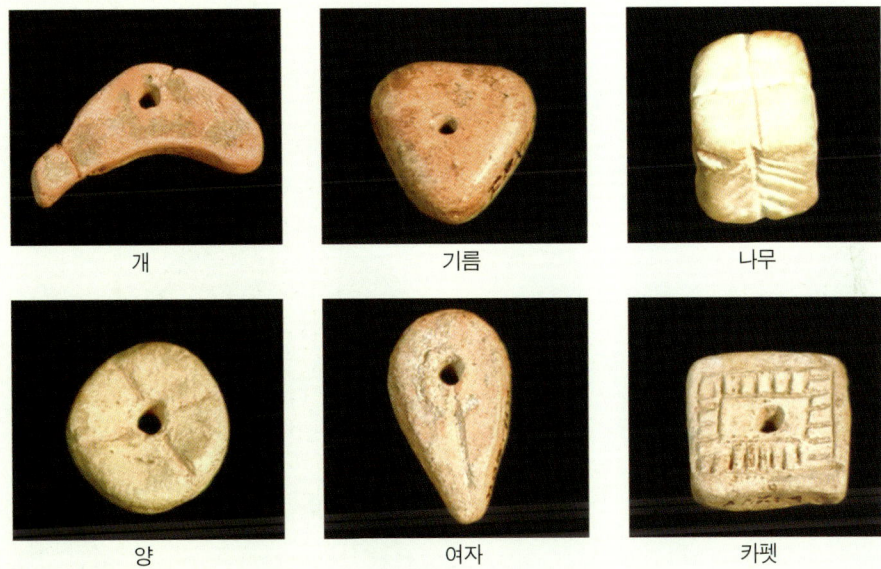

| 개 | 기름 | 나무 |
| 양 | 여자 | 카펫 |

    수메르 사람들은 도시에 모여 살기 시작하면서 상거래도 자연스럽게 시작하였습니다. 처음에는 물건과 물건을 주고받는 물물거래 형태였지만, 대량 거래가 시작되면서 물표라는 것을 주고받기 시작했습니다. 이 물표는 원형, 원추형, 원통형 등 여러 가지 모양의 점토 덩어리로 만들어져 각각의 명목 가치를 나타낼 수 있었습니다. 이 점토 물표를 사용하여 물품을 빌려 주었고 받은 물표는 점토로 쌓아 보관하였습니다.

    그들은 이 물표에 도형을 새기거나 모양을 바꾸면서 다양한 거래를 했는데, 여기에 새겨진 무늬들은 점차 하나의 약속으로 바뀌기 시작했습니다. 초기 단계의 문자는 이러한 물표에 그려진 약속된 그림에서 유래되었습니다. 그리고 그 문자들이 훗날 알파벳으로 발전하게 됩니다.

쉿! 상위 1%로 가는 비밀 수업 과학 블로그 N   내 블로그 | 바로가기 ▼ | Login

최초의 과학 혁명, 바퀴

01 02 03 04 05 **06 여섯 번째 수업** 07

카테고리

과학 블로그 1부
- 첫 번째 수업
- 두 번째 수업
- 세 번째 수업
- 네 번째 수업
- 다섯 번째 수업
- **여섯 번째 수업**
- 일곱 번째 수업

수메르 사람들이 처음으로 만든 바퀴는 인류의 발명품 중 가장 중요한 것 중의 하나입니다.

바퀴의 역사적 원리는 미끄럼 마찰(sliding fricion)을 굴림 마찰(rolling fricion)로 변화시켜 물체가 이동할 때 받은 저항을 감소시키는 것입니다. 이러한 바퀴의 기원에 대해서는 여러 가지 설이 있으나, 일반적으로 통나무와 같은 '굴림대'와 '썰매'가 결합하여 생겼을 것으로 추정하고 있습니다.

굴림대는 고대를 배경으로 한 영화 속에서 쉽게 볼 수 있는데, 무거운 짐을 옮길 때 그 밑에 넣고 굴리는 통나무입니다. 하지만 짐이 앞으로 이동하고 나면 뒤에 남는 통나무를 다시 앞으로 가져와야 하는데 너무 무거워서 매우 불편했습니다. 이것을 해결하고자 고민하던 중 막대 같은 축의 양쪽 끝에 둥근 판을 붙이는 것에서 바퀴의 형태가 이루어진 것으로 추측하고 있습니다. 아마도 이들은 산에서 굴러내려 오는 둥근

만만한 과학용어 검색

미끄럼 마찰
두 물체의 접촉면에 평행으로 작용하면서 미끄러지는 물체의 운동을 방해하는 저항. 정지 마찰과 운동 마찰로 나누어집니다.

굴림 마찰
물체가 면 위를 구를 때 바닥 때문에 생기는 마찰을 말합니다.

바위를 보면서 바퀴의 형태를 생각했을지도 모릅니다.

  이러한 발명이 언제 어디서 이루어졌는지 그 기원에 대해서는 명확히 알려져 있지 않습니다. 다만, 세상에서 가장 오래되었다고 하는 바퀴가 메소포타미아의 유적에서 발견되면서 이들이 처음 바퀴를 발명했을 것이라고 생각하고 있습니다. 이 바퀴는 기원전 3500년경의 것인데, 통나무를 둥글게 자른 바퀴살이 없는 원판 모양의 바퀴였습니다. 이 바퀴가 만들어

지고 나서 1,000년의 세월이 흐른 뒤 우르크의 왕릉 등에서 두 바퀴와 네 바퀴로 된 장례용 마차가 발견되었습니다. 이 무렵의 바퀴에도 여전히 바퀴살은 없었으나 하나의 통나무가 아닌 석 장의 널빤지를 잘라 맞추어 가장자리를 둥글게 다듬은 것이 달라진 점입니다. 바퀴의 바깥쪽 부분인 땅과 닿는 부분의 둘레에는 가죽으로 만든(지금의 타이어 구실을 하는) 것을 구리 못으로 고정시킨 흔적을 볼 수 있습니다.

만만한 과학용어 〔검색〕

공기 타이어의 발명

영국 스코틀랜드 출신의 발명가인 존 보이드 던롭은 원래 수의사였습니다. 그는 당시에 발명된 자동차 타이어가 빠른 속도를 내지 못하는 것을 보고 연구한 끝에 1888년, 고무에 공기를 넣은 타이어를 발명하여 자동차 발전에 크게 이바지했습니다. 그는 그 후에도 말레이시아에서 커다란 고무나무 밭을 경영하면서 타이어 개량을 위해 평생을 바쳤습니다.

기원전 2000년 이후의 유물이나 기록물을 보면 바퀴살이 있는 바퀴가 등장합니다. 이전의 바퀴는 너무 무거워 빨리 굴러갈 수 없다는 단점이 있어 바퀴살이 있는 바퀴가 새롭게 등장한 것입니다.

아마도 원판으로 된 바퀴의 무게를 줄이기 위해 구멍을 뚫다 보니 점점 얇은 바퀴살로 바뀐 것으로 보입니다.

북메소포타미아·페르시아·히타이트 등지에서 처음 만들어진 바퀴살이 있는 바퀴는 기원전 1600년경에 힉소스 사람들에 의해 이집트로 전해졌습니다. 그리고 기원전 1500년경에는 크레타·미케네 등지에도 전해졌습니다.

고대 중국에서는 기원전 1300년경에 은나라에서 처음 바퀴살이 있는 바퀴를 단 전차가 만들어졌습니다. 바퀴의 발명으로 도로가 새롭게 정비되기 시작했고, 이로 인해 육상 교통의 혁명이라 할 수 있는 발전이 이루어지게 되지만, 전쟁 같은 부정적인 부분에도 크게 영향을 미치게 됩니다.

우르의 왕릉 유물

영화로운 삶을 누리던 수메르인들은 기원전 2003년, 아카드인의 침입으로 멸망하게 됩니다.

그런데 그들을 멸망으로 이끈 것은 수메르가 자랑하는 최고의 발명품인 바퀴를 가진 전차 부대였습니다. 바퀴는 동력이 등장하기 이전에는 최고의 발명품이었으며, 그 혜택은 오늘날까지 전해지고 있습니다.

이러한 바퀴의 역사를 한눈에 볼 수 있는 유적이 이라크의 우르에서 발굴되었습니다. 점토 모형과 바퀴의 제작 방식이 벽화에 자세히 묘사되어 있습니다.

중력과 마찰

고대 그리스의 철학자 아리스토텔레스는 가장 자연스러운 상태가 무엇인지 고민했습니다. 그리고 그가 내린 답은 정지한 상태라는 것입니다. 지구의 움직이는 모든 물체는 언젠가는 정지한 상태에 놓이게 됩니다. 이러한 정지 상태로 만들어 놓는 힘이 바로 마찰력입니다. 갈릴레이와 뉴턴은 이러한 이론을 바탕으로 '운동의 법칙'을 발견하기도 했습니다. 마찰력의 발견은 근대 과학을 발전시키는 중요한 다리 역할을 했습니다. 마찰력은 중력으로 인해 생기는 것이며 중력이 없으면 마찰력도 없습니다. 그리고 마찰력은 물체의 운동 방향과 반대로 작용하여 운동을 방해하며, 중력이 강해지면 마찰력 또한 강해집니다.

스키장에 가면 이러한 마찰력과 중력을 느낄 수 있습니다. 스키장에서 아래로 내려가게 하는 중력이 스키를 내려가지 못하게 하는 마찰력보다 크기 때문에 스

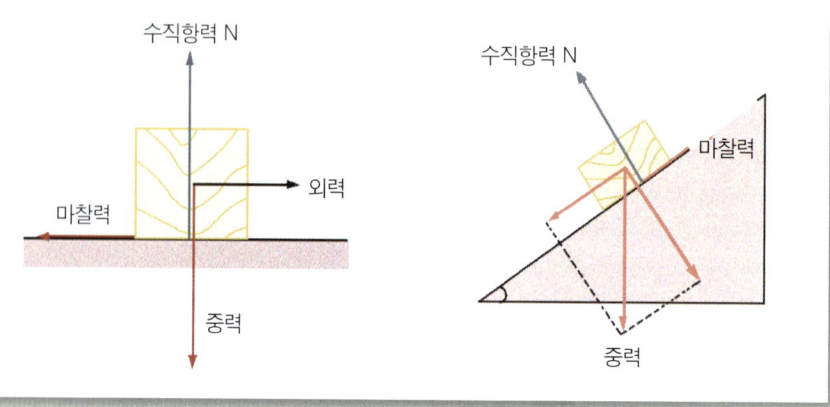

중력과 마찰력

키를 밑으로 미끄러져 내려가게 합니다. 이때 작용하는 마찰력을 '운동 마찰력'이라고 합니다. 이러한 운동 마찰력 외에 '구름 마찰력'이라는 것이 있는데 자동차의 바퀴를 보면 이해할 수 있습니다. 자동차가 정지해 있을 때 작용하는 마찰력이 차가 굴러가면서 구름 마찰력으로 변하는데, 이 마찰력은 자동차의 운동 방향과 반대로 작용합니다. 그리고 자동차를 처음 움직일 때 힘이 드는 것은 정지 마찰력이 운동 마찰력보다 크기 때문입니다. 우리가 자동차를 밀 때 처음에는 힘이 들지만 한 번 움직이면 쉽게 밀 수 있는 것도 이러한 마찰력 크기의 차이입니다.

그럼 달에서의 마찰력은 어떨까요?

달은 지구보다 중력이 약해 마찰력도 그만큼 약해집니다.

빗방울이 떨어지는 현상에서 중력과 마찰력의 관계를 살펴보면, 구름에서 빗방울이 떨어지기 시작하면 속력이 점점 증가하다가 어느 순간이 되면 일정한 속력을 유지합니다. 처음에는 빗방울이 밑으로 잡아당기는 '중력'이라는 힘에 의해 떨어지는 속도가 증가합니다. 그러다가 빗방울에 작용하는 마찰력이 증가하게 되고, 결국 마찰력과 중력이 같아지면서 합력이 0이 되면 속도는 더 이상 증가하지 않고 일정하게 떨어지는 것입니다.

바퀴가 움직일 때 마찰력은 운동의 반대방향으로 작용합니다.

청동기의 시작

07 일곱 번째 수업

카테고리

과학 블로그 1부
- 첫 번째 수업
- 두 번째 수업
- 세 번째 수업
- 네 번째 수업
- 다섯 번째 수업
- 여섯 번째 수업
- **일곱 번째 수업**

청동기를 사용하기 시작한 연대는 지역마다 다릅니다. 예를 들면 그리스에서는 기원전 3000년 이전에 시작되었으나 중국에서는 이보다 늦은 기원전 1800년경부터 시작되었습니다.

　청동기의 재료인 구리는 매우 귀했기 때문에 작은 물건이나 아주 귀중한 것을 만들 때만 사용했습니다. 처음 구리가 알려진 것은 기원전 6500년경으로 아나톨리아에서 시작되어 널리 확산되었습니다. 기원전 4000년대 중반이 되면 구리를 가공하는 기술이 더욱 발달하여 메소포타미아인들이 최초의 도시국가를 만드는 데 중요한 역할을 하게 됩니다.

　이후 구리는 더 멀리까지 퍼지게 되었는데, 지중해를 거쳐 유럽에도 전파되기 시작했습니다. 하지만 이때까지만 해도 오늘날 볼 수 있는 일반적인 청동은 아니었습니다. 실질적인 청동의 시작은 주석을 포함한 합금이 사용된 이후부터입니다.

　기원전 2000년대에 이르러 청동의 사용이 크게 증가하였습니다. 그 이유는 영국 콘월 지역에 대규모 주석 광산이 개발되었기 때문입니다. 이 시기에 대규모로 생산된 청동기 상당 부분이 이 주석 광산에서 채굴된 것을 사용했습니다. 그러나 기원전 1000년경부터 새로운 금속인 철을 보다 쉽게 구할 수 있게 되면서 청동기시대는 끝나고 철기시대가 시작되었습니다.

메소포타미아의 청동 기술이 고대 그리스로
건너가 제작된 청동 제우스 상

우리나라의 청동기

다뉴세문경

세형동검

우리나라의 청동기 문화는 고조선의 건국과 함께 나타났으며 다른 나라의 청동기 문화와 다른 독자적인 특성을 가지고 있습니다.

우리나라 청동기 기술의 특징은 청동기에 아연 성분이 들어간 것입니다. 청동은 구리와 주석의 합금으로 만들었으며 주석의 양으로 굳기를 조절했습니다. 납을 넣어 표면을 매끄럽게 하였고, 여기에 아연을 섞어 황금빛의 아연 청동 합금을 만들어 낸 것입니다. 이렇게 아연이 들어간 청동을 '한국청동'이라고 부릅니다. 또 한 가지 우리나라 청동기의 특징으로는 거푸집 기술이 있습니다. 중국이 진흙 거푸집을 사용한 데 비해 우리나라는 돌 거푸집을 사용하였습니다. 돌 거푸집은 후에 활석 거푸집으로 발전하는데, 이것은 표면의 질이 뛰어나고 수명이 반영구적이어서 오늘날의 금속 거푸집과 거의 비슷했습니다.

다뉴세문경

청동기시대의 구리거울로 한반도에서 출토된 잔무늬 거울 중 가장 크며 거울 뒷면의 무늬가 뛰어납니다. 중국의 구리거울보다 먼저 만들어졌으며 북방계 청동 문화의 특징을 잘 보여줍니다. 거울 뒷면에 꼭지 2개가 있으며 3개의 동심원으로 분할되어 있는 무늬를 가지고 있습니다.

비파형동검

세형동검, 비파형동검

비파형동검은 청동기시대 초기의 대표적인 유물로 비파 모양입니다.

날의 아래가 둥글고 칼날 가운데는 불룩 올라와 있으며, 칼자루는 T자형이고 끝 부분에 칼 뿌리를 꽂게 되어 있습니다. 중국의 요령 지방에서 많이 발견되어 요령식 동검이라고도 합니다. 이러한 비파형동검을 발전시킨 것이 세형동검이며, 청동기시대 후기의 대표적인 유물입니다.

우리나라 특유의 동검으로 한국식 동검이라고도 하는데 몸통 가운데의 굵은 허리가 특징입니다. 크기는 약 30센티미터 정도이며 몸체에 다각형의 줄무늬가 있습니다.

아나톨리아

아나톨리아에서 출토된 유물

　아나톨리아는 흑해와 지중해, 마르마라 해, 에게 해에 둘러싸여 있는 터키의 넓은 고원 지대를 말합니다. 아시아 대륙과 유럽 대륙을 연결하는 역할을 했기 때문에 수많은 전쟁과 다양한 문화의 교차로가 되었습니다. 더불어 식민 활동의 무대가 되었고 갖가지 문명이 꽃피었습니다. 아나톨리아란 '해가 뜨는 곳', '동쪽'이라는 뜻입니다.

　이 고원 지대를 중심으로 히타이트, 프리지아, 페르시아 제국이 번영하였으며 후에 작은 독립국으로 자립하였습니다.

　이러한 아나톨리아 문명은 기원전 8000년 전에 시작되었습니다. 그리고 헬레니즘보다 무려 1,600년 전에 동서를 융합시킨 문명을 일으켰습니다.

　이들이 동서 문명을 융합시킬 수 있었던 것은 중국 시안에서 로마까지 1만 2,000킬로미터에 이르는 실크로드 육로의 서쪽 끝에 위치하고 있었기 때문입니다. 그러나 실크로드 물자가 유럽으로 들어가는 지역이었기 때문에 근대 이전까지 이곳에서 일어난 전란만 700차례가 넘을 정도로 유럽, 아시아의 이민족들 사이에 서로 땅을 차지하려는 싸움이 그칠 새가 없었습니다.

　척박한 중동부 산악 고원과 지중해 연안의 윤택한 서쪽 해안 지대가 어우러진 아나톨리아는 원래 정착민이 살기에는 적합하지 않은 사각지대였습니다. 따라서

아나톨리아 유적지

어느 민족의 세력권이 미치느냐에 따라 실크로드의 역사, 나아가 세계사의 양상이 바뀌었을 것입니다. 서기 1000년에 이곳을 차지했던 로마와 비잔틴 제국과, 1071년 비잔틴 제국의 군대와 아나톨리아 동부 만지케르트에서 전투를 벌여 아나톨리아의 새 주인이 된 투르크인들이 근대 이전까지 세계사를 주도했다는 사실이 이를 말해주고 있습니다.

과학으로 본 청동 거푸집

청동을 부어 청동기를 만들기 위해 없어서는 안 되는 것이 거푸집인데, 청동기의 아름다움은 어떤 거푸집을 어떻게 쓰느냐에 따라 결정됩니다. 그래서 기술자들은 보다 섬세하고 예술적 감각이 뛰어난 제품을 얻기 위해 밀랍 거푸집(꿀 찌꺼기에 송진을 섞어 만든 거푸집)을 개발하기도 했습니다.

중국은 주로 진흙 거푸집을 썼고, 일본은 사암으로 만든 거푸집을 주로 썼습니다. 그러나 진흙 거푸집은 통풍이 잘 안 되기 때문에 청동을 녹인 액체가 들어갈 구멍과 가스가 빠지는 구멍을 반드시 만들어 주어야 했으며 한 번밖에 쓰지 못하는 단점이 있었습니다. 그리고 사암으로 만든 거푸집은 견고하지 못해 여러 번 사용하기 어렵고 정교한 부분에 대해서는 매번 수정을 해야 한다는 단점이 있습니다.

이에 비해 우리나라에서 사용했던 활석으로 만든 거푸집은 열전도율이 뛰어날 뿐 아니라 중국의 진흙이나 일본 사람들이 쓰던 사암 거푸집과는 달리 가스 구멍을 따로 만들 필요가 없을 뿐만 아니라 여러 번 반복해서 사용할 수 있었습니다. 또한, 잘 망가지지도 않았습니다. 활석 거푸집으로 만든 청동기시대의 대표적인 유물로는 두 꼭지기하무늬거울(다뉴세문경)을 들 수 있습니다.

국보 제141호 거친무늬거울

거친무늬거울의 청동 거푸집

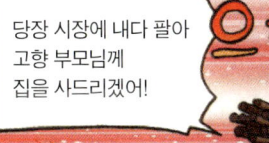

2부
이집트 문명의 시작

01 첫 번째 수업

02 두 번째 수업

03 세 번째 수업

04 네 번째 수업

05 다섯 번째 수업

Start

📕 교과 연계

- 초등 3 | 날씨와 우리 생활
- 초등 3 | 식물의 잎과 줄기
- 초등 4 | 별자리를 찾아서
- 초등 4 | 강과 바다
- 초등 4 | 열의 이동과 우리 생활
- 초등 5 | 기온과 바람
- 초등 6 | 쾌적한 환경

파라오의 나라

이집트 문명은 나일 강을 끼고 발달했습니다. 이집트 사람들은 비옥한 삼각주 지역에 살면서 나일 강을 따라 도시를 건설했습니다. 그들은 나일 강의 물을 끌어다 농사를 지었으며, 그 강을 따라 물건을 배로 운반했습니다. 그들은 보다 견고하고 정밀해진 관개 시설을 이용해 자신들의 농토에 물을 공급했습니다.

이 풍요로운 땅은 신이자 왕인 파라오가 다스리고 있었습니다. 파라오는 신과 만나는 사람이었기 때문에 죽은 후에도 부유하고 영원히 살아야 한다고 믿었습니다. 이집트 사람들은 신과의 대화를 중요시했기 때문에 신을 위한 일이라면 무엇이든 했습니다. 그들은 돌을 조각하는 기술을 놀라울 정도로 발전시켜 피라미드나 신전, 오벨리스크를 만들기도 했습니다.

만만한 과학용어

파라오

'큰 집'이란 뜻의 이집트어에서 유래한 말입니다. 이집트인들은 파라오가 신이라고 믿었고, 파라오를 하늘의 신 '호루스'와 태양신인 '레'와 '아몬' 및 '아톰'과 같다고 생각했습니다. 죽은 후에도 파라오는 여전히 신의 지위에 있었습니다. 호루스의 아버지이며 죽은 자들의 신인 '오시리스'로 자리하게 되었고 그의 아들인 새로운 파라오에게 신성한 권력과 지위를 물려주었다고 생각했습니다.

그들의 왕은 신과 인간을 이어주는 사람이었기 때문에 신처럼 받들어졌습니다. 이러한 이유로 자신들의 왕인 파라오를 영원히 지킬 수 있는 무덤을 건축하기 위해 많은 신경을 썼습니다. 그리고 파라오의 시신은 미라로 만들어 영원히 보존하려고 했습니다.

이집트 시대의 미라

미라는 시체를 썩지 않게 하기 위해 향이 나는 기름과 소금을 바르고 붕대를 빈틈없이 감아서 만들었습니다. 실제로 그들이 만든 미라는 수천 년이 흐른 지금까지 그대로 보존되어 사람들을 놀라게 하고 있습니다. 후대에는 돈이 많은 귀족들의 시체도 미라로 만들었습니다. 그리고 이들의 무

만만한 과학용어 검색

파피루스

이집트 지중해 연안의 습지에서 자라는 풀을 파피루스라 하며, 이것의 줄기를 엮어서 종이 같이 만든 것 또한 파피루스라고 합니다. 보통 2~3미터까지 자라며, 종이로 사용된 파피루스는 고대 이집트에서 발명하였습니다.
오늘날의 종이가 발명되기 이전에 종이와 같은 역할을 하여 여기에 기록들을 남길 수 있었습니다. 파피루스 종이는 식물 줄기의 껍질을 벗기고 속을 가늘게 찢어서 그것들을 잘 엮은 다음 말려서 매끄럽게 하여 만듭니다. 파피루스는 종이뿐 아니라 보트, 끈, 의류 등을 만드는 재료로 쓰였으며 속은 먹기도 하였습니다.

덤에는 죽은 후의 세계에서 사용할 보물과 저승길을 인도할 파피루스 두루마리도 함께 묻었습니다.

파피루스는 식물 줄기를 종이처럼 만든 것입니다. 이집트 사람들은 이 파피루스를 여러 장 겹쳐 두루마리로 만들었습니다. 이 두루마리에는 당시에 사용했던 상형문자로 행정이나 종교와 관련된 내용을 기록했습니다.

우리가 그 당시 이집트 사람들에 대해 알 수 있는 것은 파피루스에 기록되어 피라미드 속에 잠들어 있다가 고고학자들의 발굴과 함께 세상에 나온 것들 때문입니다.

파피루스 제조법

로마의 작가인 플리니가 설명한 파피루스 제조법입니다. 먼저 파피루스를 16인치 길이로 자릅니다. 겉껍질을 제거하고 속대를 얇게 쪼개어 반대 방향으로 나란히 펴놓은 후 나일 강 물에 적십니다. 그리고 접착제를 발라 두드린 다음 햇볕에 말립니다. 그 후에 상아나 짐승의 뼈, 조개 등으로 문질러서 광택을 냅니다. 종이 한 장은 가로와 세로가 약 50센티미터로, 스무 장을 붙여서 긴 두루마리 종이 한 장을 만듭니다. 이렇게 만들어진 파피루스는 누르스름한 백색이며 나중에는 노란색으로 변합니다.

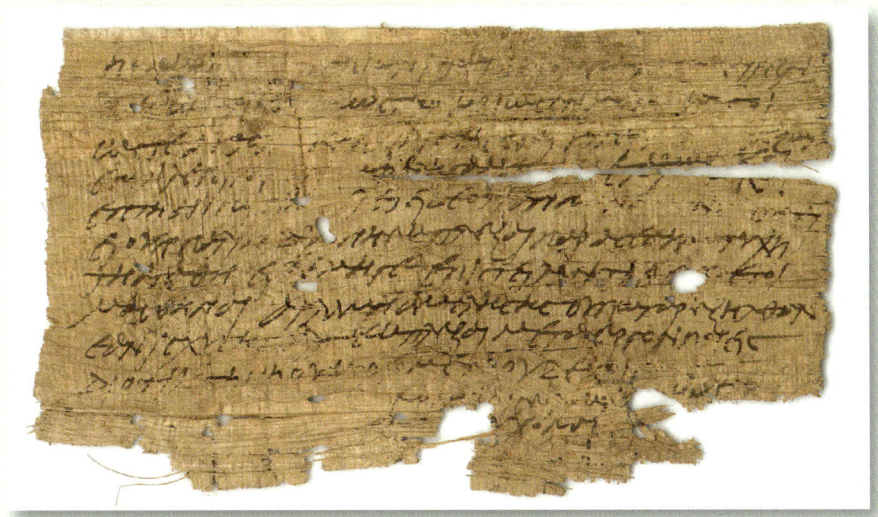

종이를 대신해 사용한 파피루스

미라를 만드는 방법

　미라를 만드는 방법에는 비용에 따라 세 가지가 있습니다.
　가장 비싼 방법은 다음과 같습니다. 우선 유해를 깨끗이 닦은 후 둥그렇게 굽은 칼로 콧구멍을 통해 뇌수를 꺼냅니다. 그리고 불에 달군 날카로운 석기(石器)로 배를 가르고 내장을 모두 꺼낸 다음 향료를 발라 다시 꿰매 줍니다. 시신을 천연 소다수에 70일 동안 담갔다가 꺼내어 잘 씻고 수지를 온몸에 바릅니다. 그런 다음 질 좋은 삼베로 만든 포대로 온몸을 칭칭 감은 뒤 마지막으로 역청을 발라 썩지 않도록 방부 처리를 합니다. 완성된 미라는 사람 모양처럼 생긴 나무 상자에 담아 묘실에 똑바로 안치됩니다. 피라미드의 미라는 이런 식으로 만들어졌습니다.
　그 다음으로 적은 비용으로 만들려면 우선 시신의 항문으로 삼나무 기름을 부어 거꾸로 흘러나오지 않게 잘 막고 70일 동안 천연 소다수에 담가 놓습니다. 그런 다음 삼나무 기름을 밖으로 빼내면 내장은 하룻밤 사이에 녹아 없어집니다. 살도 소다수에 녹아 나중에는 뼈와 살갗만 남습니다. 이것을 포대로 감싸지 않고 가족에게 전해줍니다.
　비용이 가장 적게 드는 방법은 설사약을 이용해 내장을 씻어낸 뒤 소다수에 70일 동안 담갔다가 가족에게 전해주는 것입니다.

투탕카멘 왕의 미라를 덮은 황금마스크

피라미드와 천문학

피라미드는 천문학과 많은 연관이 있는 건축물로, 네 면이 모두 정삼각형이며 사각뿔 형태를 이루고 있고, 거의 정확하게 동서남북을 가리키고 있습니다. 건설하기 전에 남북의 방위를 정확하게 측정하여 만든 것입니다.

별들의 배치를 따라 만들어진 기자의 피라미드

피라미드의 아래쪽 통로는 26°17'의 각도로 기울어지며 그 방향은 북극성의 방향과 일치합니다. 또한, 아래쪽 통로에서 갈라져 나오는 위쪽 통로와 긴 복도까지의 기울기도 26°17'입니다. 완성되기 전의 피라미드는 천문대로 쓰였을 것으로 추정되는데, 기록에 의하면 이집트인들은 정확한 달력을 만들기 위해 별과 달의 움직임을 관측해야 했고, 두 통로가 만나는 곳에 반사경을 둠으로써 두 개의 통로를 일종의 '망원경'으로 사용했을 것입니다. 또 위쪽 통로 위에 지붕이 없는 상태의 긴 복도를 만들어 머리 위의 별을 관측했다고 합니다.

한편, 피라미드가 지구의 크기를 나타내고 있다는 이야기가 이집트의 전설에 전해지고 있습니다. 피라미드의 밑변은 지구의 둘레, 피라미드의 높이는 지구의 지름을 뜻하기 때문에 피라미드의 밑변과 경사면이 이루는 각도는 45°나 50°가 아니고 51°52'인 것입니다. 또 밑변 전체 길이를 높이의 2배로 나누면 원주율(π)에 가까운 수치가 나옵니다. 이것은 적도에서의 지구 둘레와 지름의 비율과 거의 일치합니다.

이집트의 신들

고대 이집트 세계에서 물질의 세 가지 기본 요소는 물, 흙, 태양이었으며 이것들은 태초의 물인 '누'에서 비롯되었습니다. 모든 신의 창조자인 아툼(Atum) 신이 혼돈의 상태인 누에서 떠올라 물 위로 단단한 언덕을 들어 올림으로써 '최초의 순간'을 탄생시켰습니다. 그리고 나서 태양신 레(Re)가 땅 위로 솟아올라 나머지 창조의 과정을 이끌었습니다.

태양신 '레'

모든 신의 창조자 '아툼'

공기와 빛의 신 '슈'

죽음과 부활의 신 '오시리스'

여성의 신 '이시스'

아툼 신은 공기와 빛의 신 슈(Shu)와 습기의 여신 테프누트(Tefnut)를 창조하였으며 이들 사이에서 대지의 신 게브(Geb)와 하늘의 여신 누트(Nut)가 태어났습니다. 게브와 누트 사이에서 나일 죽음과 부활의 신 오시리스(Osiris)와 악의 신 세트(Seth)와 여성의 신 이시스(Isis)와 성의 여주인 네프티스(Nephys)가 태어났으며 오시리스와 이시스는 남매이자 부부 사이가 되었습니다. 최초 아홉 명의 신(아툼 제외)들은 '엔네아드'라고 불리며 고대 이집트 종교의 중심지였던 헬리오폴리스(태양의 도시)의 주신으로 받들어졌습니다. 이 중에서도 최고의 신인 태양신 레는 최초의 우주를 만들고 신과 인간을 지배하였습니다.

쉿! 상위 1%로 가는 비밀 수업 과학 블로그 N   내 블로그 | 바로가기 ▼ | Login

피라미드 건축

카테고리

과학 블로그 2부
- 첫 번째 수업
- **두 번째 수업**
- 세 번째 수업
- 네 번째 수업
- 다섯 번째 수업

이집트 하면 가장 먼저 떠오르는 것이 바로 피라미드입니다. 이집트 사람들은 기원전 2630년경부터 피라미드를 건설하기 시작했습니다. 그 중 우리에게 가장 많이 알려진 것이 기자 지역의 피라미드입니다.

기자에는 모두 세 개의 피라미드가 있는데, 가운데에 있는 피라미드가 가장 큰 것입니다. 이것이 바로 쿠푸왕이 잠들어 있는 피라미드입니다. 이 피라미드의 내부로 들어가 보면 수많은 비밀 통로와 방이 나옵니다. 그 구조와 규모를 보면 이것을 세우기 위해 매우 뛰어난 기술이 필요했을 것이고, 기간도 30년이 넘게 걸렸을 것으로 보입니다.

피라미드의 모양에 대해서는 여러 가지 의견이 있습니다. 어떤 사람은 천문학적인 의미를 갖고 있다고 말하고, 어떤 사람은 수학적인 계산에 의해 만들어진 것이라고도 합니다. 그리고 일부에서는 그들의 종교와 관련해서 특수한 목적을 가지고 만들었다고 말하기도 합니다. 분명한 것은 파라오는 거대한 건축물을 만듦으로써 신을 섬기고, 자신의 흔적을 대대손손 영원히 남기고 싶었을 것이라는 사실입니다.

그러나 이러한 피라미드도 강력한 파라오들과 피라미드 기술자들이 죽은 후에는 점차 쇠퇴해 갔습니다. 어느 시기에는 거의 100년 동안 피라미드를 세울 강력한 지도자가 나타나지 않기도 했는데, 그래서 사람들은 신이 자신들을 버렸다고 생각하기도 했습니다. 그러다가 기원전 2040년 무렵 멘

투호테프라는 사람이 파라오가 되고 나서 이집트는 다시 예전의 강력한 힘을 되찾았습니다. 파라오들은 다시 피라미드를 쌓기 시작했습니다. 이때를 이집트의 중왕조 시대라고 합니다. 이집트의 가장 뛰어난 예술작품이나 문학은 이 시기의 것이 대부분입니다.

미라를 만드는 과정

기자의 피라미드에는 기둥과 벽면만 남은 상태의 장제전(제사를 지내기 위한 방)이 있습니다. 바늘 하나 들어가지 못할 정도로 빈틈없이 만든 장제전에서는 파라오의 장례를 치르거나 미라를 만드는 작업이 이루어졌습니다.

신관은 죽음의 신인 아누비스(Anubis)의 가면을 쓰고 미라를 만드는 작업을 집행했습니다. 사제들은 신관의 명령에 따라 파라오의 시체를 씻긴 후 왼쪽 옆구리를 갈라 내장을 꺼내고 몸에 남아 있는 모든 수분을 없앤 뒤, 향유를 발라 수십 일 동안 건조시켰습니다. 썩기 쉬운 뇌는 숟가락 형태의 도구를 입이나 코로 집어넣어 빼냈습니다. 그리고 몸으로부터 분리된 간, 폐, 위, 창자 등은 포도주와 향유로 씻어 호루스의 네 아들을 상징하는 네 개의 카노푸스라 불리는 항아리에 각각 넣어 보관했습니다. 사제들은 시신의 방부 처리 과정에서 콧날을 오뚝하게 유지하기 위해 코의 구멍에 후추 열매를 채우고 작은 동물 뼈를 지지대로 삽입했다고 합니다. 미라 작업 과정에서 심장은 따로 떼어내지 않았는데 그 이유는 죽은 이가 영생을 누릴 수 있는 자격이 있는지를 가리기 위해서였습니다. 미라와 함께 매장된 《사자의 서(Book of the Dead)》에 따르면 고대 이집트인들은 아누비스가 진리의 방에서 죽은 자(死者)의 심장을 저울에 올려놓고 깃털과 비교해 심판한다고 믿었습니다. 생전의 모든 행위가 기록된 심장이 깃털보다 가벼워야 그 영혼이 다시 미라와 하나가 될 수 있다고 믿었습니다.

이집트 파라오의 미라

피라미드 건축법

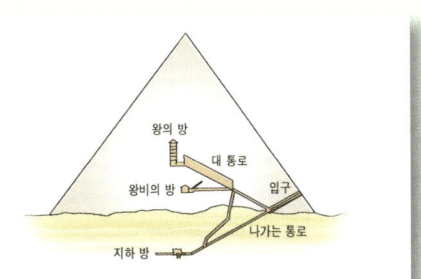

기자의 대 피라미드의 내부 구조

피라미드의 건축 방법에 대해 정확히 전해져 오는 것은 없으며, 현재까지의 연구를 통하여 추정하고 있을 뿐입니다.

피라미드를 건축하기 위해서는 우선 기초를 만듭니다. 창고나 통로를 만들기 위해 지하를 파고 그곳에 사각형 테두리 모양의 수로를 만듭니다. 수면의 높이에 맞춰 지표를 깎고 마지막에 도랑을 메워 수평하게 합니다. 그리고 피라미드의 막대한 하중을 견디도록 하기 위해 암반을 기초로 하였습니다.

그런 다음 방위를 잽니다. 밤에 특정 별을 선택하여 그 별의 뜨고 진 위치를 표시해서 정확한 남북 방위를 측정합니다. 이렇게 하면 피라미드의 네 측면은 거의 정확히 동서남북을 향하게 됩니다. 그 다음에 화강암을 쌓아 피라미드 중앙의 방인 현실의 구조를 만든 뒤 모래를 채워 '人'자 모양의 지붕을 만들고 모래를 다시 제거합니다. 피라미드의 속을 채우는 돌은 현장 부근에서 캐낸 석회암으로 하고 외관을 위한 석재들은 멀리 바위산 같은 곳에서 구해 옵니다. 바위에 나무를 박아 넣고 물을 부으면 나무가 불면서 바위가 갈라지는데 그렇게 해서 얻은 바위를 운반해 오는 것입니다. 크고 무거운 석재를 높은 곳으로 운반하기 위해 햇볕에 말린 흙벽돌로 경사로를 만듭니다. 그 당시에는 특별한 기계가 없었기 때문에 수레, 지렛대, 롤러 등을 이용해 인력으로 석재를 이동하였습니다. 이렇게 석재들을 쌓아 계단식 피라미드를 만들고 계단 부분을 화강석으로 메운 뒤 표면을 갈고 닦아 반질반질하게 합니다. 위에서부터 아래로 차례대로 손질하면 정사각뿔 모양의 피라미드가 완성됩니다.

마야의 피라미드, **치첸이트사**

　멕시코 유카탄 반도에 있는 고대 마야의 톨텍 문명 유적입니다. 치첸이트사에는 5세기경부터 7세기 말경까지 마야인들이 살았으며, 이들이 떠나고 300년이 지난 뒤 톨텍인들이 정착하여 마야인들이 남긴 유적 위에 자신들의 건축물을 세웠습니다. 이를 통해 두 문명이 융합된 흔적을 볼 수 있습니다.

　이곳은 북쪽의 신치첸과 남쪽의 구치첸으로 나누어지며, 구치첸이 더 복잡합니다. 신치첸에는 유명한 피라미드와 그 주변에 구기장과 신전, 시장 등이 있으며 구치첸에는 대신관의 묘와 수도원, 카라콜 탑이 있습니다.

　이 유적지는 규모가 매우 큰 데다가 무엇보다 마야인들의 뛰어난 수학과 천문학 지식이 응축되어 있어 아름답고 인상적입니다. 밤낮의 길이가 같아지는 춘분과 추분에는 그림자가 마치 거대한 뱀이 꿈틀거리면서 건물을 기어 내려와 계단 아래에 있는 뱀 머리 석상과 연결되는 듯한 장관을 볼 수 있습니다.

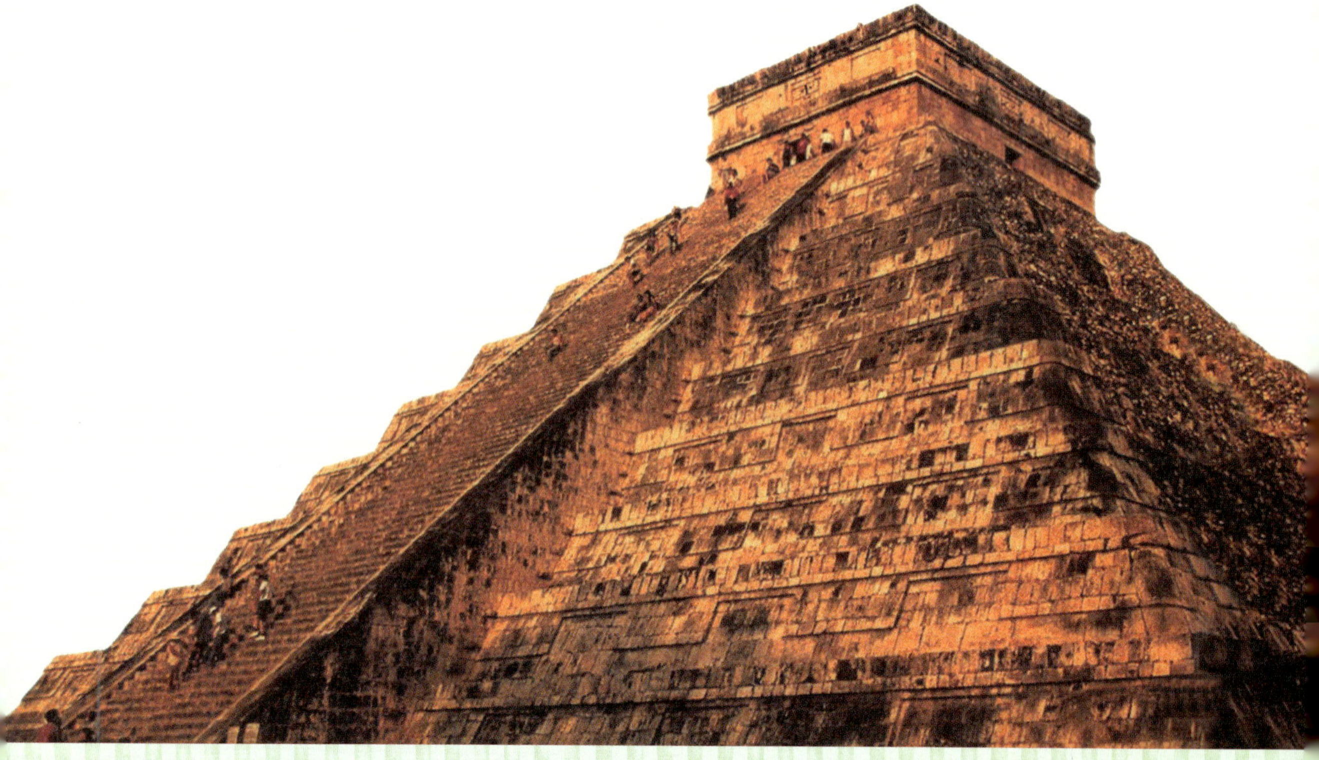

유럽의 거석 문화 **스톤헨지**

스톤헨지란 '공중에 걸쳐 놓은 돌'이란 의미로, 세계 10대 불가사의 중 하나입니다. 4톤의 거대한 돌들이 모두 하나의 중심을 향해 원형으로 배열되어 있습니다.

기원전 2000년경에 세워진 것으로 추정되는데, 영국의 솔즈베리 평원에 위치하며 바깥 도랑과 둑, 네모꼴 광장과 방향 표시석, 돌기둥, 중앙 석조물로 구성되어 있습니다. 화장에 의한 매장이 많이 행해진 것과 태양이 뜨고 지는 방향과 같은 방향으로 돌이 나열되어 있는 것으로 보아 제천 의식, 제사 장소나 관측소로 쓰였을 것으로 추정됩니다.

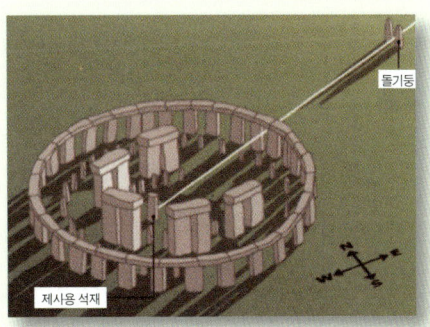

오벨리스크

고대 이집트의 사원 입구에 세워져 있던 뾰족한 기둥을 말합니다. 네 개의 면은 높고 좁으며 위로 갈수록 점점 가늘어져 꼭대기가 피라미드 모양인 기념 건조물입니다.

하나의 암석으로 만들어졌으며 몸체의 네 면에는 태양신에게 바치는 종교적 헌사나 왕의 생애를 기리는 내용을 담은 상형문자로 장식되어 있습니다. 기원전 2613~2494년부터 세워진 것으로 알려져 있으며, 현재 남아 있는 것 중에서 가장 오래된 오벨리스크는 기원전 1971~1928년에 세워진 것으로 카이로 교외의 헬리오폴리스에 있습니다. 이런 돌기둥들을 세웠다는 사실을 통해 고대 이집트인들의 역학적 천재성과 무한한 인력 동원 능력을 알 수 있습니다.

오벨리스크를 처음으로 조사했던 앵겔바흐는 이 기둥을 세우기 위해 우선 깔때기 모양의 모래 구덩이 속으로 미끄러뜨렸을 것이라고 추측하고 있습니다. 그런 다음 모래를 조심스럽게 제거하면서 오벨리스크를 조금씩 일으켜 세우는 것입니다. 이 이론은 제19왕조의 파피루스 아나스타시 I에서 영감을 얻은 것인데, 이 문서에는 이런 내용이 적혀 있습니다.

"붉은 산에서 가져온 건축물 아래의 모래를 채운 창고를 비웁니다. …… 강둑에서 가져온 모래를 100개의 방에 채웁니다."

고대 7대 불가사의 **파로스의 등대**

고대 그리스의 철학자 중 한 명이 처음 언급했을 것으로 알려진 파로스의 등대는 알렉산드리아의 등대라고도 불리는데, 기원전 3세기에 이집트 알렉산드리아의 파로스 섬에 세워졌습니다. 이것은 거대한 크기를 자랑했으며, 오늘날 등대의 원형으로 여겨지고 있습니다.

이집트의 해안선은 매우 단조로워서 배들이 항구를 찾기 어려웠기 때문에 항해의 편의를 위해 등대가 세워진 것으로 추정됩니다. 꼭대기 부근에서 불을 피운 뒤 반사 렌즈로 그 불빛을 비추어 사용했을 것으로 보입니다.

흰 대리석으로 만들어졌으며 높이가 130미터로 3개의 층으로 이루어졌는데 맨 아랫부분은 정사각형의 거대한 성채, 중간은 팔각형, 맨 윗부분은 원형, 그리고 꼭대기에는 신의 조각상이 있었다고 합니다.

두 번의 대지진으로 인하여 대부분 파괴되어 지금은 남아 있지 않습니다.

쉿! 상위 1%로 가는 비밀 수업 과학 블로그 N　　　내 블로그 | 바로가기 ▼ | Login

기자의 대피라미드

03 세 번째 수업

카테고리

과학 블로그 2부
- 첫 번째 수업
- 두 번째 수업
- **세 번째 수업**
- 네 번째 수업
- 다섯 번째 수업

고대 7대 불가사의라는 것이 있습니다. 이 중 지금까지 남아 있는 것은 쿠푸 왕의 무덤이라고 알려진 기자의 대피라미드뿐입니다. 이집트의 수도 카이로 외곽의 기자 고원 위에 우뚝 솟아 있는 이 피라미드는 보는 이에게 위압감을 줄 정도로 거대한 완벽한 공학 기술의 집합체입니다. 이 돌로 만들어진 거대한 산은 5,000여 년 동안 인간의 상상력을 자극해 왔습니다. 250만 개에 달하는 거대한 돌덩어리들이 한 치의 오차도 없이 꼭 들어맞으면서 140미터 이상의 높이까지 솟아 있습니다. 19세기까지 이

who are you? 검색

쿠푸 왕

이집트 제4왕조의 2대 파라오로, 대략 기원전 2589년부터 2566년까지 통치했을 것으로 봅니다. 그에 대한 기록은 거의 남아 있지 않지만 세 명의 부인과 9명의 아들, 15명의 딸이 있었다고 전해집니다. 후대에 잔인하고 폭력적인 파라오로 기억되고 있다는 것과 현명한 통치자로 명성을 날렸다는 두 가지 모순된 설이 전해지고 있습니다.
고대 7대 불가사의 중 유일하게 현재까지 남아 있는 밑변 230미터, 높이 146.5미터로 그 규모가 세계 최대인 피라미드를 자신의 무덤으로 남겼습니다.

피라미드보다 높은 건축물은 없었습니다. 무게도 600만 톤이 넘을 것이며, 바닥의 면적은 13에이커에 달합니다. 아마 유럽에 있는 대성당 4개와 워싱턴의 국회의사당까지 모두 수용하고도 남을 것입니다.

이것이 단순히 파라오의 무덤이라면 왜 이렇게 한 치의 오차도 없이 방위각까지 생각해 가며 만들었을까요? 이 피라미드를 본 과학자들이 이들이 엄청난 천문학 지식을 갖고 있었을 것이라고 추측합니다. 고대 이집트 사람들은 별과 피라미드를 일직선 상에 두고 정확한 각도를 맞췄습니다. 더 신기한 것은 구석기시대를 갓 벗어난 사람들이 현대와 같은 전문적인 지식도 없이 이것을 만들었다는 것입니다.

만만한 과학용어 검색

기자의 피라미드

세계 최대의 건축물로서 고대의 7대 불가사의 중 하나로 꼽히는 쿠푸 왕의 피라미드를 포함해 카프레, 멘카우레의 피라미드를 말합니다. 약 4,500년 전인 기원전 26세기경에 건축되었으며, 지구촌 최대의 석조 건물입니다. 이집트 카이로 서쪽 13킬로미터 지점에 있으며, 구조는 좁고 가파른 통로를 통해 큰 화랑을 거쳐 왕의 방으로 들어가도록 되어 있습니다.

이러한 이유로 수많은 미스터리가 쌓이기 시작했습니다. 그리고 이 미스터리는 고대 위인들의 마음을 사로잡았습니다. 기원전 5세기경의 역사가 헤로도토스는 피라미드의 수수께끼를 풀 실마리를 찾고자 노력했습니다. 그

쿠푸 왕의 피라미드에서 발견된 배

who are you? 검색

헤로도토스(Herodotos, 기원전 484?~425?)

키케로가 '역사의 아버지'라고 부른 그리스 역사가이며, 역사에 대한 풍부한 지식으로 많은 업적을 남겼습니다. 그리스와 페르시아 사이의 전쟁을 다룬 고대 작품 《역사》를 지었는데, 이 책에는 일화와 삽화가 많이 실려 있으며, 그리스 최초의 걸작으로 평가받고 있습니다.

널리 여행을 다녔으며 여러 연회에서 이야기꾼이 되어 주로 아테네의 여러 명문가 이야기, 전쟁 이야기, 그 밖의 역사적 사건들, 미지의 땅에 대한 경이로움 등을 들려주었습니다. 특히 시 낭독으로 크게 인기를 얻어 아테네 시로부터 돈을 받았다고도 전해집니다.

는 이 피라미드가 수많은 노예에 의해 30년에 걸쳐 만들어졌다고 주장했습니다. 하지만 현대의 고고학자들이 밝혀낸 사실은 이와 달랐습니다. 실제로 피라미드를 건설한 이들은 노예가 아닌 일반 백성이었다는 것입니

다. 그것은 쿠푸 왕이 백성들에게 일자리를 만들어 주기 위해 피라미드를 세웠다는 것입니다. 그리고 피라미드에는 쿠푸 왕이 매장되어 있다는 어떤 증거물도 없었습니다. 그 때문에 기자의 대피라미드는 지난 수천 년간 사람들의 호기심을 자극해 왔습니다. 그리고 이 호기심은 앞으로도 계속될 것입니다.

만만한 과학용어 [검색]

풍화 작용과 스핑크스

기원이 언제인지조차 알 수 없는 스핑크스는 반은 인간, 반은 사자의 형상을 하고 있습니다. 기자의 피라미드 앞에 있는 이 거대한 조각상은 피라미드와 같은 시기에 만들어진 것이 아니라고 합니다.

이에 대한 증거는 피라미드에서 남쪽으로 500킬로미터 떨어진 사막에서 발견할 수 있습니다. 평온한 날에는 어떤 낌새도 알 수 없지만 바람이 부는 날에는 그 결정적인 증거가 드러납니다. 사막의 바람은 고운 모래를 총알 같은 속도로 날려 보내는데 이 날아간 모래는 사막의 바위에 부딪힙니다.

고운 모래는 아무런 힘도 없어 보이지만 이들에 세월이 더해지면 달라집니다. 고운 모래에 부딪힌 바위는 서서히 원래의 형태에서 조금씩 깎여 나갑니다. 하지만 일정하게 깎여 나가는 것이 아니라 단단한 부분보다 무른 부분이 더 많이 깎여 나갑니다. 이런식으로 그 모양이 마치 앉아 있는 사자 모양을 한 바위로 변하게 되었을 것입니다. 사람들은 사막에서 풍화 작용에 의해 우연히 만들어진 이 바위를 발견하고 그것을 조금씩 손질해 거대한 조각상으로 만들게 됩니다. 그리고 그 조각상으로 하여금 피라미드를 지키는 임무를 맡긴 것입니다.

고대 7대 불가사의 **제우스 신전**

제우스 신상과 피디아스의 작업장 유적

　올림피아에 있는 제우스 신상은 기원전 457년에 제우스 신을 숭배하는 고대 그리스인들이 제우스 신전에 세운 것입니다. 당대 최고의 조각가였던 피디아스가 8년에 걸쳐 만든 것으로서 그 위용을 자랑하였습니다. 그러나 426년에 테오도시우스 1세의 이교(異敎) 금지령과 신전 파괴령에 의해 신전이 헐리면서 제우스 신상은 비잔티움으로 옮겨졌습니다. 그러나 옮겨진 지 얼마 되지 않아 여러 차례의 지진과 하천의 범람을 겪은 뒤 475년에 화재로 완전히 소실되었습니다.

　제우스 신상은 금과 상아로 장식된 화려한 모양이었으며, 오른손에는 승리의 상징인 니케, 왼손에는 황금 지팡이를 들고 있었습니다. 상다로 만든 어깨에는 꽃과 동물이 그려져 있었고 옥좌에는 금으로 칠해진 각종 신들이 있었습니다.

고대 7대 불가사의 **아르테미스 신전**

아르테미스 신전의 상상화

아르테미스 여신

그리스의 식민지 에페소스에 세워졌던 것으로, 여신 아르테미스를 모신 신전입니다. 기원전 8세기경에 세워졌으며 장대하고 화려합니다. 리디아의 왕인 크로이소스의 협조로 착공되었으며 120년에 걸쳐 완성되었습니다. 높이 20미터 정도의 흰 대리석을 깎아 이오니아 양식으로 127개의 기둥을 세우고 지붕을 이은 모습입니다. 기원전 356년, 알렉산더 대왕 탄생일에 헤로스트라투스의 방화로 소실되었다가 후에 재건되었습니다.

고대 7대 불가사의 **로도스 상**

기원전 292~280년경 로도스 섬에 세워진 청동상입니다. 지중해 무역의 중심지였던 로도스는 마케도니아의 침공에 맞서 싸워 승리했고, 자신들의 단결을 자축하고 기념하기 위해 돈을 모아 태양의 신인 헬리오스의 청동상을 세웠습니다. 높이가 36미터에 달하는 이 로도스 상은 기원전 225년경에 지진으로 파괴되어 1,000년 가까이 방치되어 있다가 후에 로도스를 침공한 아랍인들에 의해 부서진 거상이 분해되어 유대인들에게 팔렸습니다.

로도스 섬의 청동 거상 상상화

쉿! 상위 1%로 가는 비밀 수업 과학 블로그 Ⓝ   내 블로그 | 바로가기 ▾ | Login

신성한 문자

01
02
03
04 네 번째 수업
05

카테고리

과학 블로그 2부
- 첫 번째 수업
- 두 번째 수업
- 세 번째 수업
- **네 번째 수업**
- 다섯 번째 수업

피라미드 내부나 오벨리스크를 보면 눈에 띄는 것이 하나 있습니다. 바로 이집트의 신성한 문자인 상형문자입니다. 발견 초기에는 이 상형문자를 그 누구도 해독할 수 없어 역사적인 자료로만 남아 있었습니다.

그러던 중 1789년, 프랑스의 보나파르트 나폴레옹이 인도를 공격할 준비를 하기 위해 이집트에 왔습니다. 이때 한 장교가 나일 강의 입구인 로제타 강에서 기이

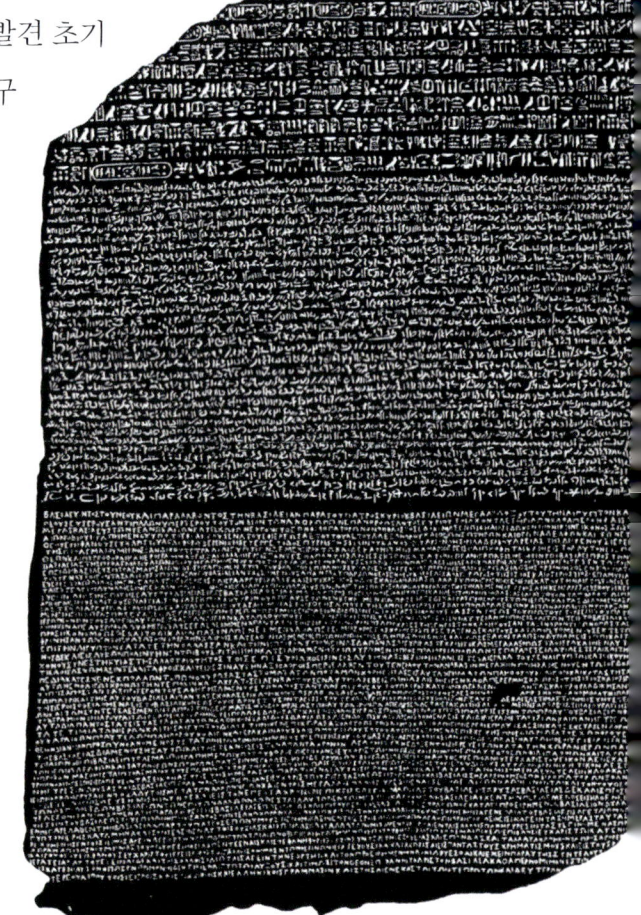

로제타 석

하게 생긴 돌을 발견했습니다. 그 돌 위에는 세 가지 종류의 글이 쓰여 있었습니다. 그중 하나가 그리스어였습니다. 그는 그리스어를 알면 돌 위에 적혀 있는 신성한 문자를 해독할 수 있을 것이라고 생각했습니다. 그러나 이 수수께끼를 푸는 데만 20년이 걸렸습니다.

이 돌이 유럽을 거쳐 건너간 곳은 영국이었습니다. 전쟁에 패한 프랑스가 영국에 이 돌을 빼앗겼기 때문입니다. 대신 프랑스는 그 돌을 본뜬 탁본만을

만만한 과학용어 검색

로제타석

이집트의 로제타에서 발견된 검은색 비석으로 기원전 196년에 만들어졌으며 높이 약 1.2미터, 너비 약 75센티미터, 두께 약 28센티미터입니다. 이집트의 상형문자와 대중문자, 고대 그리스어가 각각 3단으로 새겨져 있습니다. 발견 당시 그리스어가 알파벳으로 쓰여 있어 해독이 가능했기 때문에 고대 이집트 문자를 해독할 수 있는 중요한 열쇠가 되었습니다. 프톨레마이오스 5세의 대관식을 축하하는 글이 새겨져 있으며, 내용은 프톨레마이오스의 신앙과 훌륭한 정치를 찬양한 내용입니다. 현재 로제타석은 런던의 대영 박물관에 보관되어 있습니다.

고대 이집트의 문자인 신인 '토트'

가져갔습니다. 이후 영국과 프랑스는 서로의 자존심을 걸고 이 신성한 문자를 해독하는 작업에 매달렸습니다.

결국, 이 신성한 문자의 체계를 밝혀낸 승자는 프랑스였습니다. 바로 샹

who are you? 검색

샹폴리옹(Jean-Francois Champollion, 1790~1832)

프랑스의 이집트학 학자로서 이집트학의 창시자로 불리며 이집트 상형문자 해독에 큰 역할을 하였습니다. 그는 열여섯 살 되던 해에 이미 히브리어, 아랍어, 시리아어 등 12개 언어를 마스터할 만큼 천재였습니다. 오벨리스크에 새겨진 사본과 로제타석의 사본을 비교·대조하여 고유명사를 연구한 뒤 공통된 기호를 발견하고 이것을 바탕으로 1822년에 이집트 상형문자를 해독하는 데 성공하였습니다.
1826년에 루브르 박물관의 이집트관 관장을 지냈으며, 1828~1829년에는 이집트 각지에 널려 있던 여러 종류의 비석들을 일일이 찾아다녔고 이를 해독해 내기도 했습니다.

폴리옹이라는 프랑스의 교수였습니다. 그러나 샹폴리옹은 이 비밀을 푼 뒤 과로로 쓰러져 숨지고 말았습니다.

　이 문자는 퍼즐을 맞추는 것보다 더 어려웠지만 그의 연구로 모든 문자들을 읽을 수 있게 되었습니다. 물론 쓰는 것도 가능합니다. 예를 들어 이집트의 신인 오시리스의 이름을 써 보면 그 체계를 알 수 있습니다. 우선 이집트 사람들이 그 신을 '보스이리'라고 부른다는 사실부터 알아야 합니다. 먼저 이집트어로 '보스'라고 부르는 옥좌 모양(h)의 상형문자를 씁니다. 다음으로 '이리'라고 부르는 눈 모양(◎)의 상형문자를 그려 넣습니다. 이 둘이 합쳐져 '보스-이리'가 됩니다. 하지만 이것만 보면 사람들이 '옥좌의 눈'이라고 읽을 수 있으니 신을 상징하는 것을 그려 넣어야 합니다. 바로 깃발 모양(ꜣ)으로 생긴 상형문자를 넣으면 이것들이 합쳐져 오시리스 신이 되는 것입니다.

　이처럼 이집트의 문자들이 해독됨으로써 이집트의 눈부신 과학과 수학의 실체를 알 수 있었습니다.

수메르와 이집트, 히타이트, 중국의 상형문자

샹폴리옹과 토머스 영의 대결

넬슨이 이끄는 영국의 군대와 전투를 벌이는 프랑스군

1798년, 나폴레옹은 전 유럽을 무력으로 장악한 뒤 이집트 정벌에 나섭니다. 영국의 인도 항로를 끊기 위해 이미 정벌한 이탈리아와 북아프리카를 연결해 점령하려는 것이었습니다.

그러나 영국의 제독 넬슨은 막강한 해군력을 앞세워 육상 전투에 강한 프랑스와의 전쟁에서 최종 승자가 됩니다.

전쟁에서 승리한 영국은 프랑스가 전쟁 중에 모아 놓은 수많은 유물을 모두 영국의 대영 박물관으로 가져갔습니다. 반면에 전쟁에 진 프랑스는 화가가 그린 모사본과 탁본 등만 가지고 고국으로 돌아갑니다.

1814년, 영국의 물리학자 토머스 영은 로제타석을 해독하다가 상형문자 중에서 프톨레마이오스 왕의 이름이 적힌 것을 발견하였고 그것을 계기로 이집트 로제타석의 민중 문자를 해독해냈습니다. 그 후 1822년, 프랑스의 이집트학 학자인 샹폴리옹은 뜻글자라고 생각했던 로제타석의 상형문자가 사실은 뜻을 적은 것이 아니라 이집트 문자를 소리 나는 대로 기록한 것임을 밝혀냈습니다.

샹폴리옹은 로제타석에 적혀 있는 왕의 이름부터 해석하기 시작하여 프톨레마이오스와 클레오파트라의 이름을 밝혀내고 마침내 이집트 상형문자의 모든 소릿값을 알아내어 해독을 완성하였습니다.

샹폴리옹이 해독해 낸 이집트의 상형문자 '히에로그리픽'은 그림을 본뜬 문자로 출발하여 음을 본뜬 문자가 추가되는 등 인류 역사상 문자 발달의 중요한 자리를 차지하고 있습니다. 또 서구 문명의 기원인 알파벳도 이 문자에서 일부 도움을 얻는 등 원천적인 의의를 갖기 때문에 매우 중요합니다.

로제타석의 맨 위쪽 14행은 이집트 상형문자, 가운데 32행은 이집트 민간에서 사용하던 문자, 아래의 54행은 그리스어로 기록되어 있습니다.

이집트 과학의 전통

05 다섯 번째 수업

카테고리

과학 블로그 2부
- 첫 번째 수업
- 두 번째 수업
- 세 번째 수업
- 네 번째 수업
- **다섯 번째 수업**

아주 오랜 세월 동안 서양의 학자들은 유럽의 눈부신 과학적 성과들이 그리스로부터 이어받은 것이지 이집트 문명이나 메소포타미아 문명과는 연관이 없다고 생각했습니다. 중세를 지나 근대까지도 그들은 유럽을 벗어난 지역의 과학은 단순한 셈이나 생활에 필요한 수준에 머물렀고 그

피타고라스가 태어나기 천 년 전에 이미 메소포타미아인들은 피타고라스의 정리를 알고 있었음을 알려주는 플림튼 322 점토판

리스의 과학이나 수학보다 훨씬 뒤떨어지는 것이라고 생각했습니다. 그래서 자연의 질서를 발견한 최초의 사람도 그리스 사람들이고, 유럽의 과학도 철학자이자 과학자인 탈레스로부터 출발했다고 생각해 왔습니다.

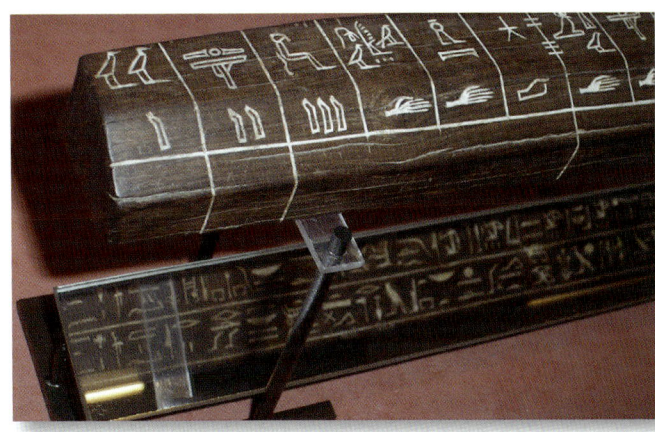

이집트의 기하학 발전을 알려주는 도량형 표시

그들의 자존심 때문에 유럽의 전통이 이집트나 메소포타미아와 같은 오리엔트 세계에 기인한다는 것을 인정할 수 없었는지도 모릅니다. 그러나 그리스 과학이 아무리 정교하고 발전되었다 하더라도 오리엔트, 특히 이집트의 영향을 빼놓고는 말할 수 없습니다. 사실 당시 이집트의 과학과 수학은 다른 문명과는 비교가 되지 않을 정도로 발달해 있었습니다.

실제로 많은 그리스의 학자들은 이집트의 과학과 수학을 받아들이기 위해 이집트로 건너갔습니다. 유럽 과학의 출발이라고 하는 기원전 6세기의 자연철학자 탈레스도 이집트에서 철학과 기하학을 배워 그리스에 전했습니다.

탈레스 이후 기원전 5세기경에

who are You? 검색

탈레스
(Thales, 기원전 624?~546)

고대 그리스의 철학자이며, 최초의 수학자이자 천문학자입니다. 이집트에서 공부한 지식을 바탕으로 그리스에서 최초로 기하학을 확립하였습니다. 만물의 근원을 찾으려고 노력했으며 그것을 물이라 생각하였기 때문에 '물의 철학자'라고 불렸습니다.
그림자를 이용하여 피라미드의 높이를 계산해 냈고 기원전 585년에 일어난 일식을 예언하여 사람들을 놀라게 했습니다. 철학뿐만 아니라 수학, 천문, 공학, 정치 등 여러 분야에서 뛰어난 재능을 발휘했으며, 초자연적인 현상과 신화로만 설명되었던 주제들을 과학과 철학적인 방법으로 설명한 최초의 사람이었습니다.

who are you? 검색

오에노피데스 (Oenopides 기원전 ?~450?)

그리스의 철학자이자 천문학자였습니다. 오에노피데스는 이집트의 신관이나 신전의 천문학자들로부터 별의 과학이나 황도의 경사각 등을 배운 것으로 알려져 있습니다. 그는 1년을 365일과 9시간보다 약간 짧은 길이로 계산하였고, 태양년과 월년이 일치하도록 59년 주기를 발명해 냈습니다. 기원전 480년경에 지구의 기울어진 각도를 처음 계산한 것으로 추정되며 그가 제시한 값 24도는 오늘날 확인된 23.5도에서 불과 0.5도 차이밖에 나지 않습니다.

에우독소스 (Eudoxos, 기원전 408?~355?)

고대 그리스의 수학자이자 천문학자입니다. 정수론을 크게 발전시켰으며, 기원전 4세기경에 최초로 태양·달·행성 등 천체 운동을 수학적으로 체계화한 것으로 알려져 있습니다. 그는 천문학 분야에 기하학을 도입했으며, 관측과 이론 사이의 상호 연결을 시작하여 천문학의 발달을 가능하게 했습니다. 현재 그의 저작물은 남아 있지 않지만, 그의 업적은 비잔틴 사본의 주석을 포함하여 광범위한 그리스 자료를 통해 알려져 있습니다.

또한, 그는 넥타네보 1세의 통치 기간 중 16개월 동안 이집트에서 보내기도 했는데 이때 천문학을 비롯한 사제들의 지혜를 배웠습니다. 그곳에서 그는 금성을 연구하여 8년 주기를 바탕으로 한 달력에 관한 최초의 주요 저서인 《옥타에테리스》를 저술했습니다.

히포크라테스 (Hippocrates, 기원전 460?~377?)

고대 그리스의 의사였던 그는 의학사에서 가장 중요한 인물로 일컬어지고 있습니다. '의학의 아버지'라 불리며 주술적이고 종교적인 의술에서 벗어나 과학적인 의학의 토대를 만듦으로써 고대 그리스의 의학을 혁명적으로 바꾸었습니다. 그는 자연 작용에 따라 조심스런 관찰을 통해 질병을 진단해야 한다고 강조하였습니다.

그의 학설을 모아 편집한 《히포크라테스 전집》이 전해지고 있으며 그가 만든 '히포크라테스 선서'는 현재까지도 의학도들의 좌우명이 되어 의사 자격증을 받을 때 이것으로 선서를 합니다.

활동한 천문학자 오에노피데스와 기원전 4세기의 에우독소스도 모두 이집트에서 천문학을 배워 온 사람들입니다. 에우독소스는 이집트에서 배운 천문학으로 천체 운동을 수학적으로 체계화했습니다. 의학의 시조라고 알려진 히포크라테스도 이집트의 전통을 물려받았습니다.

히포크라테스

　한편 이집트 사람들의 과학과 수학의 수준은 상당히 높았습니다. 수학에서는 산술학이나 대수학, 기하학, 삼각법 등이 모두 발달되어 있었습니다. 특히 눈에 띄게 두드러진 학문이 바로 산술학이었습니다. 이집트에서 글을 쓰는 서기는 상당한 지위에 있는 사람들이었습니다. 그들은 호수를 파거나 경사면을 깎기 위한 중요한 계산을 하거나 오벨리스크를 옮길 때, 그리고 거대한 동상을 세울 때도 중심이 되어 계산해야 했기 때문에 아주 깊이 있게 배워야 했습니다.

　그들이 수학 분야에서 얼마만큼 두드러진 성과를 냈는지를 잘 나타내주는 것이 있습니다. 그것은 기원전 16세기에 기록된 린드 파피루스라는 것인데, 이 파피루스의 기록에 의하면 당시의 이집트 사람들은 10진법과 함께 계산의 네 가지 규칙도 사용했습니다. 그리고 분수를 계산할 줄 알았으며 원주율도 현대의 수치에 가까운 3.16으로 계산했습니다. 그리고 곡식

만만한 과학용어 검색

린드 파피루스

기원전 1650년경에 만들어진 것으로 추정되며, 세계에서 가장 오래된 이집트의 수학책입니다. 공식은 전혀 없으며 대부분 실용적인 문제들로 일상생활과 밀접한 관계가 있습니다.

빵과 맥주의 농도나 가축들의 먹이 혼합, 곡식 저장 그리고 간단한 1차 방정식에 관한 문제와 넓이를 구하는 문제, 수의 법칙을 이용한 문제 등이 실려 있습니다. 기초적인 수준이지만 엄청난 수학적 성과를 이룩하였으며 몇몇 문제는 현대의 일반 지식인이라도 풀기 어려운 정도입니다.

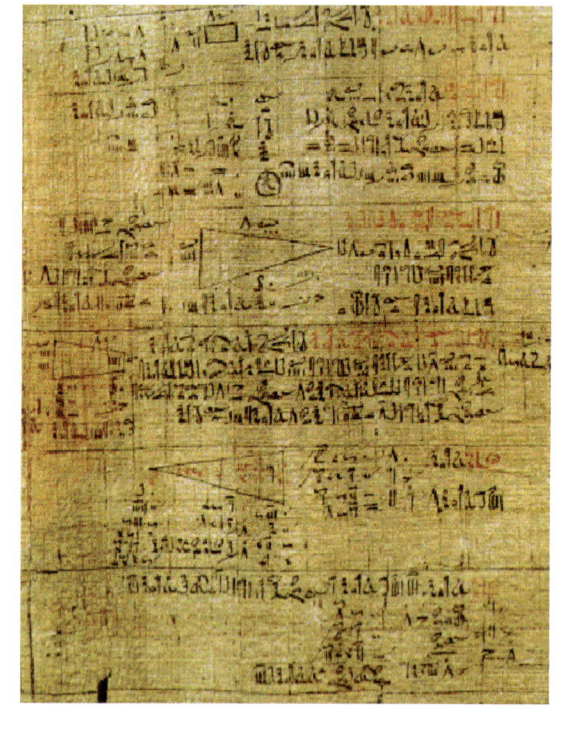

을 담는 둥근 그릇의 밑부분의 반지름과 높이를 알면 그 안에 들어 있는 곡식의 부피를 계산해 내는 방법뿐만 아니라, 사각형 안에 내접하는 원의 면적을 구하는 계산법도 알고 있었습니다.

또 다른 곳에서 발견된 파피루스에는 피라미드의 윗부분을 잘라낸 상태에서 그것의 부피를 계산하는 식도 적혀 있습니다. 더욱 놀라운 것은 이 같은 계산법이 실제로 피라미드 같은 건축물을 지을 때 적용되었는데, 길이 측정 단위가 오늘날의 1밀리미터 수준까지 정확히 계산해 적용했다는 점입니다.

이집트에서의 수학과 과학의 발전은 나일 강의 범람과 관련이 있습니다. 나일 강은 물이 풍부하고 해마다 일정한 시기가 되면 홍수가 나서 상류에서부터 비옥한 흙을 날라 왔습니다. 물이 빠지면 기름진 흙이 남아 있어 농사가 잘되었기 때문에 이집트 사람들에게 홍수는 신이 준 선물이나 다름없었습니다. 하지만 홍수로 인해 물이 범람하자 몇 가지 문제가 발생했습니다. 매년 홍수가 일어나면 이집트 전체가 물에 잠겨 피해가 컸기 때문에 그 시기를 미리 알아 대처해야만 했습니다.

이런 이유에서 발전하게 된 것이 역학이었습니다. 이집트에서 일찍부터 달력이 발달하게 된 계기이기도 합니다. 그리고 너무 많은 피해가 생기지 않도록 나일 강을 관리할 필요가 생겼습니다. 그들은 운하를 파거나 수문을 만들고 둑을 쌓는 등의 토목 기술을 발달시켰습니다. 이러한 토목 기술은 결국 피라미드와 같은 거대한 구조물을 쌓는데 결정적 역할을 하게 됩니다.

만만한 과학용어 검색

달력

메소포타미아 문명을 일으킨 바빌로니아 사람들은 지구에서 바라볼 때 태양의 위치가 조금씩 달라지며 어느 순간이 되면 예전의 본래 자리로 돌아간다는 사실을 발견해냈습니다. 그리고 그 주기는 대략 360일 정도라는 사실도 알아냈습니다. 그 결과 바빌로니아 사람들은 1년을 360일로 정하고 태양의 모양처럼 이를 원으로 만든 뒤, 그 원을 360개의 조각으로 똑같이 나누어 그 중의 하나를 하루의 날짜와 일치시켰습니다.

그 뒤 1,000년쯤 지나 이집트에서 다시 달력이 만들어졌는데, 당시 이집트 사람들은 나일 강의 홍수가 일정한 기간마다 되풀이 된다는 사실을 알아차리고 1년의 주기도 365일 6시간 정도라는 사실을 알아냈습니다.

그래서 이집트 사람들은 365일이라는 시간을 1년으로 정하고 나머지 6시간을 따로 모아 1,460년째에 1년을 덤으로 만들었습니다. 지금의 달력과 당시 이집트 사람들의 달력을 서로 비교하면 고작 한 달에 50초가량의 차이밖에 나지 않으니 그 정확성은 놀랄 만한 정도라고 할 수 있습니다.

또한, 땅의 구획을 정해 놓았던 것을 홍수가 휩쓸고 감으로써 토지의 구

획이 모두 사라져 버려 자신의 땅이 어디부터 어디까지인지 알 수 없게 되는 문제도 발생했습니다. 그러다 보니 나라에서 세금을 거두려고 해도 그 근거가 없어 발달한 것이 토지 측량 기술입니다. 그리고 이 토지 측량 기술은 점차 기하학으로 발전하게 되었습니다.

이집트 사람들로부터 시작된 또 다른 중요한 발명품이 있습니다. 바로 저울입니다. 이집트에서 저울을 처음 사용한 것은 기원전 5000년경부터입니다. 당시의 저울은 막대의 중앙을 지지하고 양 끝에 접시를 달아 놓은 형태였습니다. 법원 앞에 가면 저울을 들고 있는 동상을 볼 수 있습니다. 그 동상이 들고 있는 저울이 바로 이집트에서 사용했던 '천칭'이라는 평형저울입니다.

피라미드의 높이를 잰 **탈레스**

《플루타르크 영웅전》에서는 고대 그리스의 7현인 중 한 명으로 묘사합니다.

《플루타르크 영웅전》에 따르면 트로이 전쟁의 발단이 된 헬레네가 패망한 트로이를 떠나면서 바닷속에 던진 세 발 솥이 후대에 그물에 걸려 올라 왔는데 그 솥에서 '가장 현명한 이에게'라는 글이 있었다고 합니다. 이 솥은 결국 탈레스의 차지가 됐습니다.

탈레스는 그리스에 처음으로 기하학을 전수했고 근본적인 기하원리들을 발견해냈습니다. 원이 지름에 의해 2등분 된다는 사실을 처음으로 주장했고 이등변삼각형의 두 밑각의 크기는 같다는 사실도 밝혀냈습니다. 기하학에 관한 그의 원리들은 이집트에서 배워온 것으로 알려져 있습니다. 또한, 피라미드의 그림자 길이를 이용해 피라미드의 높이를 구한 일화는 유명합니다. 탈레스가 이용한 방법은 막대를 세워 막대의 그림자와 막대의 길이가 같아지는 시점에서 피라미드 그림자의 길이를 재면 그것이 바로 피라미드의 높이와 같다는 논리입니다. 이러한 수학적 연역법을 고안해 낸 사람도 탈레스였던 것입니다. 그렇다고 탈레스의 아이디어가 모두 독창적인 것은 아니었습니다. 그는 여러 지역을 돌며 수집한 지식들을 그리스에 돌아와서 정리하고 전해준 것입니다.

이집트 수학의 기원 **메소포타미아**

컬럼비아 대학의 도서관에는 유명한 점토판이 하나 있습니다. 이 점토판은 고대 메소포타미아 문명을 이끈 바빌로니아 수학과 관련된 것으로 기증자의 이름을 따서 '플림튼 322'라고 부르고 있습니다. 원래의 큰 규모에 비해 그 일부만이 발견된 것이라고 합니다. 그리고 여기에는 비밀스런 수가 쓰여 있는데, 이 점토판을 처음에는 단순히 당시의 상인들이 장부처럼 기록한 것이라고 생각했습니다. 그러나 후에 학자들은 이 점토판에 쐐기문자로 직각삼각형의 여러 예가 적혀 있다는 사실을 발견했습니다. 그것은 실로 놀라운 발견이었습니다. 피타고라스가 태어나기 무려 천년 전에 이미 바빌로니아 사람들은 피타고라스 정리를 사용하고 있었던 것입니다.

플림튼 322

또한, 이들은 무리수에 대해서도 알고 있었던 것으로 보입니다. 오직 정수만이 존재한다고 믿었던 피타고라스 학파는 우연히 무리수를 발견하게 됩

바빌로니아의 교육용 수학 문제를 기록한 점토판

니다. 무리수의 존재는 피타고라스 학파의 존재 자체를 부정하는 것이었습니다. 그래서 자신들의 발견을 누설한 히파수스라는 사람을 바다에 빠뜨려 수장시키기까지 했습니다.

　무리수는 사실 바빌로니아 사람들에 의해 먼저 발견되었습니다. 예일대에 소장되어 있는 'YBC 7289'라는 유물을 보면 3,700년 전에 바빌로니아 사람들이 60진법을 사용했었음을 알 수 있는데 이를 응용해 이 점토판을 연구한 결과 무리수인 $\sqrt{2}$를 확인할 수 있었습니다.

YBC 7289

바빌로니아의 대수·기하 교육용 점토판

재미있는 수의 마술

숫자의 세계에는 마술과도 같은 재미있는 질서들이 있습니다. 이러한 숫자들의 마술을 보면 너무 신기하고 아름답기까지 합니다. 그 대표적인 수의 배치로 다음과 같은 것이 있습니다.

$$1 \times 9 + 2 = 11$$
$$12 \times 9 + 3 = 111$$
$$123 \times 9 + 4 = 1111$$
$$1234 \times 9 + 5 = 11111$$
$$12345 \times 9 + 6 = 111111$$
$$123456 \times 9 + 7 = 1111111$$
$$1234567 \times 9 + 8 = 11111111$$
$$12345678 \times 9 + 9 = 111111111$$

그렇다면 각 자릿수가 1인 숫자들을 곱하면 어떤 질서가 있는지 보겠습니다.

$$1 \times 1 = 1$$
$$11 \times 11 = 121$$
$$111 \times 111 = 12321$$
$$1111 \times 1111 = 1234321$$
$$11111 \times 11111 = 123454321$$

이와 같이 수의 세계에는 우리가 몰랐던 신비한 질서가 있습니다. 이번에는 곱셈에서 새로운 수의 질서를 살펴보겠습니다.

$$123456789 \times 9 \times 1 = 1111111101$$
$$123456789 \times 9 \times 2 = 2222222202$$
$$123456789 \times 9 \times 3 = 3333333303$$
$$123456789 \times 9 \times 4 = 4444444404$$
$$123456789 \times 9 \times 5 = 5555555505$$
$$123456789 \times 9 \times 6 = 6666666606$$
$$123456789 \times 9 \times 7 = 7777777707$$
$$123456789 \times 9 \times 8 = 8888888808$$
$$123456789 \times 9 \times 9 = 9999999909$$

어때요? 우리가 무심코 지나친 숫자들에 이렇게 기막힌 질서가 있다는 것이 놀랍지 않나요? 이처럼 우리 주변의 수의 세계에는 우리가 모르는 마술 같은 내용들이 많이 있습니다.

이집트 서기

이집트 서기의 상

기원전 292~280년경 로도스 섬에 세워진 청동상입니다. 지중해 무역의 중심지였던 로도스는 마케도니아의 침공에 맞서 싸워 승리했고, 자신들의 단결을 자축하고 기념하기 위해 돈을 모아 태양의 신인 헬리오스의 청동상을 세웠습니다. 높이가 36미터에 달하는 이 로도스 상은 기원전 225년경에 지진으로 파괴되어 1,000년 가까이 방치되어 있다가 후에 로도스를 침공한 아랍인들에 의해 부서진 거상이 분해되어 유대인들에게 팔렸습니다.

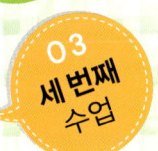

3부
인도와 중국의 문명

Start

📋 **교과 연계**

초등 3 | 여러 가지 돌과 흙
초등 4 | 강과 바다
초등 4 | 모습을 바꾸는 물
초등 5 | 환경과 생물
초등 6 | 여러 가지 암석
중등 1 | 상태 변화와 에너지
중등 2 | 지구의 역사와 지각 변동

쉿! 상위 1%로 가는 비밀 수업 과학 블로그 내 블로그 | 바로가기 | Login

01 첫 번째 수업 인더스 문명의 시작

02 03 04

카테고리

과학 블로그 3부
- 첫 번째 수업
- 두 번째 수업
- 세 번째 수업
- 네 번째 수업

　인도 대륙에는 히말라야를 가로지르는 인더스 강이 있습니다. 지금으로 부터 4,500년 전, 이 지역에 살던 사람들은 위대한 인더스 강을 따라 찬란한 문명을 꽃피웠습니다. 그들은 배를 다루는 기술이 뛰어나 이 강을 오르내리며 문명을 전파했습니다. 그리고 사람들이 모이는 곳에 큰 도시가 만들어졌습니다.

　그 도시 중 가장 번창했던 곳은 모헨조다로와 하라파였습니다. 당시 전 세계를 통틀어 이 두 도시는 규모 면에서 가장 큰 도시였습니다. 이들 도시가 발견되어 세상에 알려진 것은 1920년대에 이르러서입니다.

모헨조다로 유적지가 발견된 곳은 지금의 파키스탄 남부에 있는 메마른 땅이었습니다. 약 1평방킬로미터에 달하는 이 도시에는 당시 4,000명 정도의 사람들이 살고 있었습니다. 북쪽에서 남쪽으로 난 도로는 격자 모양으로 가지를 뻗고 있으며, 여러모로 세심한 계획하에 만들어진 도시입니다.

이 도시의 사람들은 강을 따라 내려가 바다 건너 멀리까지 가서 무역을 했습니다. 지금도 당시 메소포타미아 문명의 유적에서 인더스 문명의 유물이 발견되고 있습니다.

만만한 과학용어 검색

모헨조다로(Mohenjo-Daro)

하라파 지역과 함께 기원전 2600년경에 건설된 고대 인더스 문명의 대표적인 도시입니다.
고대 이집트·메소포타미아 문명과 같은 시대에 만들어진 세계 최초의 도시 중 하나였습니다. 1921~1931년의 발굴로 세상에 알려졌으며 언덕 위의 도시, 성벽으로 둘러싸인 시가지, 농경지 등으로 이루어져 있습니다. 성벽 내부의 도시 구획이 매우 질서정연하게 이루어져 있으며 수도 시설과 배수 시설이 완비되어 있고, 신전이나 궁전 같은 건물은 없습니다.

하라파(Harappa)

모헨조다로와 함께 인더스 문명의 대표적인 도시입니다. 파키스탄 펀자브 지방에 있으며 1921년에 처음 발굴되었습니다. 기원전 3300년부터 1600년까지 존재하였고 그 당시에 4만 명의 주민이 있었을 것으로 추정되고 있습니다.
이곳에서 많은 예술품들이 발굴되었습니다. 도시 구조는 북쪽과 서쪽에 문을 둔 두꺼운 성벽으로 둘러싸여 있고, 내부에는 기단을 구축하여 주요 건축물을 배치하였습니다.

인더스 문명을 만든 사람들이 무역에 사용했던 다양한 인장들

그 대표적인 것으로 무역을 위한 물건들의 겉포장에 붙였던 인장들이 있습니다.

당시의 인더스 문명을 일구어낸 사람들도 다른 문명과 마찬가지로 물 관리에 많은 신경을 썼던 것으로 밝혀졌습니다. 그들은 댐으로 강물을 막아 물을 넘치게 하고 수로를 이용해 저수지까지 끌어들였습니다. 홍수가 나서 댐의 물이 넘치더라도 그 물들이 다시 저수지 쪽으로 방향을 바꾸도록 만들어져 있었습니다. 그리고 이 물은 도시 사람들을 위한 식수와 농경을 위한 물로 쓰였습니다.

인더스 문명이 일어난 인더스 강 유역

모헨조다로의 최초의 화장실

　세계에서 가장 오래된 화장실은 인더스 문명의 유적지인 모헨조다로에서 발견되었습니다. 지금의 수세식과는 분명한 차이가 있지만, 물이 흘러가도록 만들고 그 위에 배설하게 했다는 점은 오늘날과 비슷한 원리입니다. 천연 수세식 변기라고 할 수 있지요.

　고대 수메르 문화의 중심지였던 메소포타미아 지방의 바빌로니아 유적지인 우르에서는 기원전 2200년경에 벽돌을 쌓아 만든, 걸터앉는 방식의 변기가 발견됐습니다. 분뇨를 수세 용수와 함께 하수관을 통해 건조한 모래땅으로 스며들게 하는 방법으로 강이나 바다를 오염시키지 않고 처리할 수 있었습니다.

　고대 조상들은 동물과 마찬가지로 산이나 강, 바다 등에서 마음 내키는 대로 배설하면서 살았을 것입니다. 그러다가 용변을 보기 위해 밖으로 나가는 것이 번거로워 요강을 사용하기에 이르렀고, 이것이 화장실 문화로까지 발전하게 되었습니다.

　인류 문명의 척도인 수세식 화장실은 영국 엘리자베스 여왕 시대에 여왕의 총애를 얻기 위해 소설가 존 해링턴이 고안한 것이 최초입니다. 해링턴의 인공 변기가 변화를 거듭한 끝에 집안의 한 부분을 당당히 차지하게 된 것입니다. 1596년에 '물탱크와 물을 뿜어내는 배수 밸브가 있는 나무의자'를 고안해 냈는데, 디자인 면에서도 매우 정교했습니다.

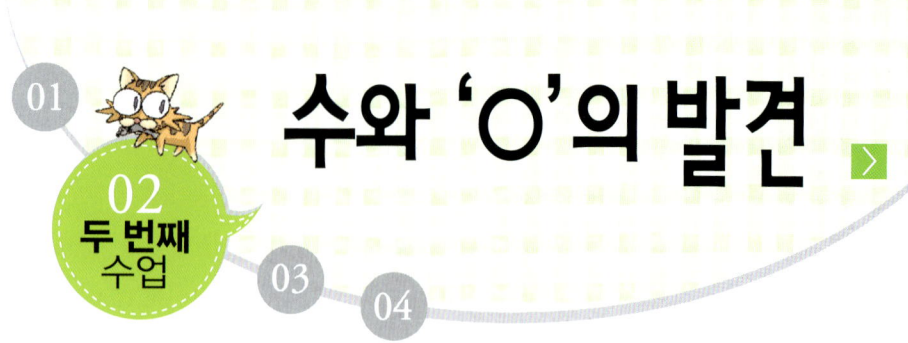

수와 'O'의 발견

카테고리

과학 블로그 3부
- 첫 번째 수업
- **두 번째 수업**
- 세 번째 수업
- 네 번째 수업

　인간이 숫자가 가진 매력에 빠진 것은 아주 까마득한 옛날부터입니다. 그 시기를 언제라고 말하기도 어렵습니다. 수라는 것은 인간만이 가지고 있는 아주 추상적인 것입니다. 어떤 동물 사회에서도 인간처럼 수의 개념을 가지고 있는 동물은 없습니다. 그만큼 수라는 것은 인간만의 특징이고 장점인 것입니다.

　이 수는 어느 날 갑자기 하늘에서 떨어진 것이 아닙니다. 오랜 세월 다듬어지고 걸러지면서 오늘에 이르렀습니다. 많은 사람이 그 기원의 실마리를 찾으려고 노력했는데 마침내 인도의 수학에서 그것을 찾아냈습니다.

　인도에는 수의 개념과 관련된 재미있는 이야기가 전해지고 있습니다. 서양에서 지금도 많은 사람들이 즐기는 '체스'라는 게임을 처음 만들어낸 것은 세사라는 사람이었습니다. 왕은 재미있는 게임을 만든 세사에게 상을 주고 싶었습니다. 그러자 세사는 2에다 자신이 만든 체스의 칸만큼 제곱을 하더니 그 수만큼의 밀알을 달라고 했습니다. 왕은 하찮은 요구라 생각하고 흔쾌히 들어주겠다고 했습니다. 하지만 계산하면 할수록 엄청난 밀

이 쌓인다는 것을 알게 되었습니다. 이것을 계기로 왕은 수를 세는 법을 익혔다고 합니다.

인도에서 전해져 내려오는 이러한 이야기에서 수학에 대한 전통을 어느 정도 엿볼 수 있습니다. 또 인도 수학에서 절대 빠뜨릴 수 없는 것이 하나 있습니다. 바로 '아라비아 숫자'라고 알려진 수의 발견입니다. 고대의 인도 사람들은 숫자의 위치에 따라 그 크기를 결정하는 방법을 개발했습니다. 그리고 일찍이 '0'이라는 개념도 발견했습니다.

만만한 과학용어 검색

아라비아 숫자

사실 아라비아 숫자는 아라비아에서 만들어진 것이 아니라 인도에서 처음 만들어졌습니다. 약 1,400년 전에 인도에서는 막대기 토막을 기초로 하여 최초로 수를 만들었습니다. 1에서 9까지의 숫자 외에 0이라는 새로운 숫자를 생각해 냈고 이 열 개의 숫자를 가지고 모든 수를 나타낼 수 있었습니다. 그리고 상업에 능한 아라비아인들은 멀리 인도까지 가서 교역을 하였는데 이때 편리한 숫자를 배워 갔습니다.
아라비아인들과 교역을 하던 유럽 상인들은 이러한 수 체계가 아라비아인들에 의해 만들어진 것으로 잘못 알게 되었는데, 이것이 세계 여러 나라로 퍼져 아라비아 숫자로 통용된 것입니다.

만만한 과학용어 〔검색〕

산스크리트어

고대 인도의 언어로서 '완성된 언어, 순수한 언어'라는 의미를 가지고 있으며 한자 문화권에서는 범어(梵語)라고도 합니다. 기원전 5세기부터 4세기경까지 문법학자 파니니에 의해 문법 체계가 완성되었으며 종교, 철학, 문학 용어로서 지식 계급 사이에서 사용되었습니다. 힌두교, 불교, 자이나교의 경전이 이 언어로 쓰여 있습니다.

사실 '0'의 개념은 메소포타미아 문명을 이룬 바빌로니아 사람들이 먼저 생각해 낸 것입니다. 그러나 이 개념은 인도 사람들에 의해 비로소 '비어 있음', '존재하지 않음'으로 정리되었습니다. 인도 사람들은 이를 산스크리트어로 '슈냐'라고 했습니다. 또한, 이것을 수학에서만 사용하지 않고 철학에도 응용했습니다. 철학에서 이것은 무한을 나타내는 것으로 이해했습니다.

인도 수학자들이 만들어 낸 수

는 아라비아 상인들에 의해 유럽으로까지 전파되었기 때문에 유럽 사람들은 이를 아라비아 숫자라고 부르기 시작했습니다.

만만한 과학용어 검색

마야의 수 체계, 20진법

고대의 마야인들은 인도보다 먼저 0의 개념을 알고 있었으며 20진법을 사용하였습니다.

20진법은 20을 한 묶음으로 세어 나가는 수 체계입니다.

당시 마야는 천문학이 크게 발달하였는데, 천문학의 주기 등 시간을 나타내는 단위에 20일을 기준으로 '위날', 20톤을 기준으로 '카톤', 20카톤을 기준으로 1주기, 20주기를 기준으로 대주기를 두었습니다. 숫자는 점과 줄로 간단히 표기하였으며 0은 따로 기호가 있었습니다. 그런데 20진법은 천문학의 영향을 받아 세 번째 자릿수를 360으로 정했기 때문에 1, 20, 360, 7200이라는 식으로 불규칙하여 연산 가능성이 없었습니다.

무한대의 개념

무한대의 개념이 수학 속으로 들어오게 된 것이 언제부터인지는 명확하지 않습니다. 고대인들에게 무한대는 '많다'라거나 '크다'라는 개념과 섞여 있는 상태였고, 고대 바빌로니아의 쐐기문자나 고대 이집트의 수 체계에서 발견할 수 있는 무한대의 개념은 '너무 많아서 셀 수 없음'을 의미했습니다. 즉 당시의 무한 개념은 현대의 무한 개념과는 조금 다른 '많다' 또는 '크다'의 개념이었습니다. 그리고 그리스는 고대 이집트와 바빌로니아의 수학을 이어받으면서 무한의 개념도 자연스럽게 받아들이게 되었습니다.

제논의 패러독스라는 유명한 이야기 속에 이것이 잘 나타나 있습니다.

아킬레우스와 거북이 달음질 경주를 할 때 거북이 아킬레우스보다 어느 정도 앞에서 출발한다면, 아킬레우스는 결코 거북을 따라잡을 수 없다는 내용입니다. 그는 아킬레우스가 거북보다 앞서기 위해서는 먼저 거북이 있던 지점을 지나야 하는데 아킬레우스가 그 지점에 왔을 때는 거북은 이미 얼마만큼이라도 그보다 더 앞서고 있을 것입니다. 이러한 상황이 반복되면 아칼레우스는 거북을 따라잡을 듯하면서도 영원히 거북을 따라잡을 수 없다는 이야기입니다.

수의 신비 황금비

황금비란 인간에게 호감과 안정감 그리고 아름다움을 주는 가장 조화로운 비율로, 자연계에서 쉽게 볼 수 있습니다. 아름답게 균형 잡힌 인간의 신체 각 마디마디 구조에서도 잘 나타나 있습니다. 신기하게도 황금 비율을 응용해 만든 물건이나 건축물 등은 다른 비율로 만든 것에 비해 인간의 눈으로 볼 때 가장 편안함과 안정감을 줍니다.

역사적으로 고대 이집트의 불가사의한 피라미드는 황금비를 이용해 만들어져 가장 튼튼하고 안정된 건축물이라는 찬사를 받고 있으며, 고대 그리스에서 아름다움과 안정감, 균형을 중시해 만든 걸작품인 파르테논 신전과 비너스상 또한 황금비의 공식을 이용하여 제작되었습니다.

과거뿐 아니라 현대에도 황금비는 건축, 조각, 회화, 공예 등 조형예술 분야에서 널리 사용되고 있으며 신용카드나 명함, 창문, 책 등 우리 생활 주변에서도 황금비를 이용해 만들어진 상품들을 많이 찾아볼 수 있습니다.

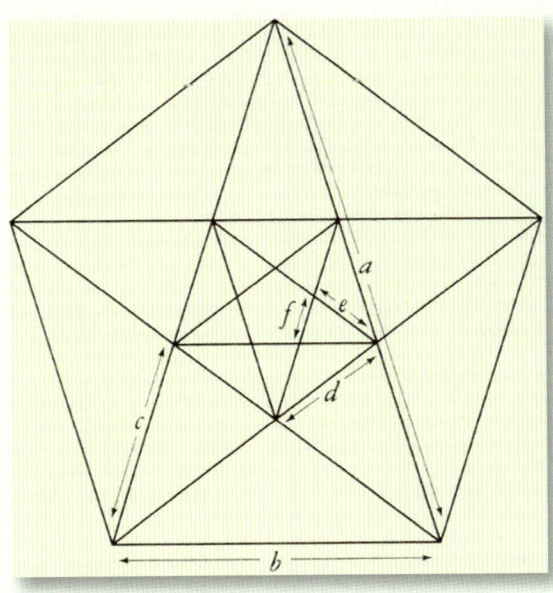

왼쪽의 도형은 황금비를 이용해 그린 별 모양입니다.
오각형의 두 꼭짓점을 이은 가장 긴 a는 b와 1.618 : 1의 비율이고 b는 c와 1.618 : 1의 비율입니다. 마찬가지로 c와 d도 같은 비율이며, d와 e, e와 f도 1.618 : 1의 비율입니다.

'0'은 '없다'는 뜻?

어느 날 교사가 학생들에게 이런 질문을 했습니다.

"바구니에 과일이 세 개 있습니다. 그런데 인수가 와서 세 개를 먹었습니다. 그럼 바구니에는 몇 개의 과일이 남아 있을까요?"

학생들은 모두 세 개 − 세 개 = 0이라고 대답할 것입니다. 이 문제를 통해 우리는 0이 무엇인지 알 수 있습니다. 그리고 이제 0은 '없다'라고 생각할 것입니다. 물론 일반적으로 0은 없다는 것을 말합니다.

그렇다면 0은 없다는 뜻 이외에 다른 무엇을 표현할 때는 쓰이지 않을까요? 예를 들어 겨울에 섭씨 0도라는 기상청 예보를 들었다고 생각해 보세요. 그럼 섭씨 0도는 온도가 없다는 의미일까요?

이와 같이 0은 이상한 형태로 나올 때가 많습니다. 아무리 많은 0을 더해도 그것들의 합은 여전히 0입니다. 이는 곧 0이 하는 일이 지나치게 적다고 할 수도 있습니다. 그렇다고 0을 무시할 수는 없습니다. 만일 여러 개의 수를 서로 곱할 때 그 수들 중에 어느 하나라도 0이 있으면 그것들의 곱도 0이 됩니다. 이렇게 0은 무시무시한 힘을 발휘할 수 있으며 이 같은 일은 수학에서 흔히 찾아볼 수 있습니다. 이러한 것을 이해하기 위해서는 수학에서 말하는 개념들이 상대적인 것이라는 사실을 알아야 합니다. 초등학교 학생들은 0을 없는 것으로 이해하지만, 중학생이 되면 어느 기점을 말하기도 합니다.

그만큼 0은 우리에게 중요하면서도 신비한 숫자입니다.

셈의 시작

이집트나 메소포타미아, 중국에서는 오랜 옛날부터 수학이 발달하였습니다. 특히 농업 국가였던 이집트와 바빌로니아에서는 이미 기원전 2500~2600년경부터 수학을 실제 생활에 응용하였습니다.

이집트인은 물건의 개수를 셈할 때 조약돌 같은 것을 사용하여 물건 하나에 돌 하나씩을 묶어서 셈을 하는 10진법을 사용하고 있었습니다. 왜 하필이면 10진법이라는 셈의 방식이 사용되었는가 하는 의문에 대해서는 인간의 손가락이 열 개라는 것이 가장 타당한 답인 듯합니다. 우리말의 수사(數詞)에 관해서는 다음과 같은 해석이 있습니다. '하나'는 해[日], 즉 태양, '둘'은 달[月]에서 '셋'은 눈[雪]에서 나왔습니다. 손가락을 하나씩 꼽으면서 셈을 하다 보면 다섯 번째에는 손가락이 모두 '닫힌다.'라는 뜻에서 '다섯', 그리고 닫힌 손가락을 하나씩 펴나가다가 마침내 십(10)이 되면 모두 '열리기' 때문에 '열'이라고 부르게 되었다는 얘기입니다.

'계산법'이라는 뜻의 영어 '캘큘러스(calculus)'라는 낱말은 본래 '작은 돌'을 의미했다는 사실에서도 옛날 사람들이 어떤 식으로 셈을 했는지 엿볼 수 있습니다. 어쨌든 이 원시적인 방법을 바탕으로 해서 +, -, ×, ÷의 계산은 물론 간단한 방정식까지도 풀었으며, 그렇게 할 수 있기까지 수많은 어려움이 있었을 것입니다. 수학이 걸어온 길에는 멀고도 먼 수만 년의 역사가 담겨 있습니다.

우리나라의 수학은 언제부터?

우리나라의 수학은 언제 어떻게 시작되고 발전되었을까요?

우리나라의 수학 역사를 알기 위해서는 우선 중국의 수학 역사를 알아야 합니다. 약 2,000여 년 전에 중국의 한나라 때에 이미 《구장산술(九章算術)》이라는 수학책이 있었고, 여기에는 넓이 계산, 나눗셈, 비례식, 제곱근, 연립방정식, 방정식, 직각삼각형 문제 등이 해답과 풀이의 순서로 나와 있었다고 합니다. 그 후 당나라 때 (우리나라는 신라)에는 원주율의 값(π)이 3.1415927이라는 것을 알고 있었고, 이렇게 발달한 중국의 수학이 신라에 전해져 우리나라도 신라시대부터 정식으로 수학 교육을 하기 시작했습니다.

수를 세는 가장 기본적인 방법인 일, 이, 삼…… 등과 아라비아 숫자가 없던 시대에 숫자를 표시하는 방법도 중국의 영향을 받았습니다.

'구구단'도 지금으로부터 약 1,200년 전에 전해진 것인데 구구팔십일, 구팔칠십이 등과 같이 9단부터 외웠기 때문에 '구구단'이라고 불렀습니다.

쉿! 상위 1%로 가는 비밀 수업 과학 블로그 N   내 블로그 | 바로가기 ▼ | Login

중국 최초의 문명
은나라

카테고리

과학 블로그 3부
- 첫 번째 수업
- 두 번째 수업
- **세 번째 수업**
- 네 번째 수업

　중국에서 일어난 최초의 문명은 메소포타미아나 이집트, 인더스 문명과 마찬가지로 강을 중심으로 형성되었습니다. 중국의 고대 문명은 기원전 3200년경에 황허 강과 양쯔 강, 신장 유역에서 발달하였습니다. 이 가

은나라의 청동기 문명을 낳은 황허 강

운데 가장 먼저 도시로 발전한 곳은 황허 강 유역의 문명입니다. 신석기 문명에 해당하는 룽산문화는 강을 통해 물건을 나르고 강물로 농사를 지으며 발전했습니다.

기원전 2,700년 전에 이들 문명이 세워지고 난 후, 처음으로 황제가 왕위에 오르게 됩니다. 이후 기원전 2200년경에 세워진 최초의 왕조가 바로 하왕조입니다. 이들은 400년 정도 중국 문명을 이끌었으며, 하왕조의 우왕 대에 이르러 물을 다스리는 기술도 많이 발전하여 제방과 관개 수

만만한 과학용어 〈검색〉

룽산문화

중국의 황허 유역을 중심으로 발달한 신석기 문화로, 기원전 2500년경부터 1500년경 사이에 형성된 것으로 추정됩니다. 달걀 껍질처럼 얇고 정교하게 제작된 흑도가 특징이며 중원 지역과 산둥 지역에서 각기 다른 유형의 문화로 발달하였습니다. 이 시대에는 농업이 발달하였고 도구의 종류와 수가 많아져 생산 효율성이 증가하였습니다. 반달형 돌칼과 돌낫 등이 나타나며 조개껍데기로 만든 칼이나 톱, 낫 등을 사용하였습니다. 가축 사육이 활발하였으며 수공업이 발달하여 정교한 옥기가 생산되었고 구리의 합금과 제련 기술이 발달하여 동기를 제작해 사용하였습니다. 모계 사회를 벗어나 부계 사회로 바뀌었으며 사유 재산의 등장으로 빈부 격차와 계급의 분화가 진행되기 시작했습니다.

은나라 이전의 나라인 하나라의 우왕

로를 만들어 강을 다스렸습니다.

　뒤를 이은 은나라에 이르자 중국 전역으로 문명이 확대되었습니다. 은나라는 주나라가 나타나기까지 600년 동안 유지되었으며, 중국 문명은 황허 강을 따라 많은 도시들이 만들어지면서 발전해 갔습니다.

　은나라 사람들의 문명에서 중요하게 자리 잡은 것이 바로 경제 부문인데, 이때 최초의 금속 화폐가 등장했습니다. 금속 화폐가 나오기 전에 사람들은 조개껍데기 같은 것을 화폐 대신 사용했습니다. 그들이 사용한 화폐는 삽처럼 생긴 청동 조각인데 상자나 지갑 등에 보관하기 편하도록 그

만만한 과학용어 〔검색〕

화폐의 등장

자급자족하던 원시의 물물교환 경제는 생산량이 늘고 거래가 확대되면서 여러 가지로 불편했습니다. 그리하여 물건 대신 화폐를 주고받는 방식으로 변하게 되었습니다.

최초의 화폐는 기원전 1600년에 나타난 조개껍데기 화폐였습니다. 그러다가 문명이 발달하고 청동기와 철기가 나타나자 화폐는 이들 금속으로 만들어졌습니다. 이후 구리나 철이 아닌 금·은 등 귀금속으로 만든 주화도 나타나게 됩니다.

그리고 큰 거래가 종종 이루어지면서 금속으로 만든 화폐가 아닌 종이로 만들어진 화폐도 등장하였고, 무역과 경제 규모에 따라 어음이란 것도 나타났습니다.

은나라의 뒤를 이은 주나라의 금속 화폐

중국 최초의 화폐

렇게 만든 것으로 보입니다.

그리고 원료와 직조법을 엄격한 비밀에 붙이고 이것을 유출하는 자는 사형에 처하는 법까지 제정하고 있었던 비단도 이때부터 알려지기 시작했습니다. 전해져 내려오는 이야기에 따르면 기원전 2690년경, 당시 황후였던 시링이 비단 또한 발견했다고 합니다. 시링은 비단 실을 만드는 누에가 뽕잎을 먹고 산다는 것을 알고 사람들에게 뽕나무를 기르게 했다고 합니다. 누에의 고치에서 만들어지는 명주실로 만든 옷감은 너무 귀해서 돈 대신으로도 쓰였다고 합니다.

은나라가 이렇게 크게 발전할 수 있었던 것은 청동기를 사용할 수 있는 기술을 가지고 있었기 때문입니다. 구리에 주석을 섞은 청동은 매우 단단해서 주로 무기를 만들 때 많이 사용되었습니다. 또한, 장신구와 예술품, 그리고 종교적인 의식을 위한 용품의 제작에도 사용되었습니다. 그들이 제작한 청동기는 진흙으로 만든 거푸집을 이용했는데, 그림에서 보는 것은 진흙 거푸집으로 만든 청동 냄비입니다. 이 냄비는 주로 제사 음식을 만들었는데 불에 올려놓을 수 있도록 다리를 길게 만든 것이 특징입니다.

은나라에서 만든 청동 제품 가운데 포우라는 것이 있습니다. 포우는 술 단지로, 문양이 복잡하고 형태도 그 이전 시대의 것보다 좀 더 세련된 것으로 보아 청동 주조 기술이 더욱 발전되었다는 것을 알 수 있습니다.

은나라 때 만들어진 청동 냄비

비단을 전한 **호탄 왕국**

실크의 원료인 누에고치

호탄 왕국은 기원전부터 유티안 왕국이라는 이름으로 실크로드의 오아시스로 번성하다가 세력을 키워 3세기부터 서역남로의 주요 국가로 부상합니다. 그리고 5세기경에 호탄 왕국이 유명해진 하나의 사건이 일어났습니다. 그것은 바로 비단 제조법에 관한 것입니다. 이 비단 제조법은 호탄 왕국을 거쳐 전 세계로 퍼져 나가게 됩니다.

중국 여인들이 비단을 손질하는 모습을 그린 그림

비단은 당시 아주 중요한 수출품이었으며 그 직조법은 고난도의 최고 기술이었습니다. 그 때문에 중국은 비단의 원료와 직조법을 엄격하게 비밀에 부치고 이것을 유출하는 자는 사형에 처하는 법까지 제정하고 있었습니다. 호탄 왕국의 왕은 비단 직조법을 알고 싶었습니다. 하지만 당시 중국은 뽕나무 종자와 누에의 애벌레가 국외로 반출되는 것을 엄격히 감시하고 통제하고 있었기 때문에 들여올 방법이 없었습니다. 고민하던 호탄 왕은 한 가지 묘책을 생각합니다. 중국과의 우호 관계를 위해 중국 황실의 공주를 부인으로 맞이하고 싶다는 청을 올린 것입니다. 결혼식이 임박하자 호탄 왕은 자신의 신하에게 공주를 데려오라 명하면서 '우리 땅에는 비단도 없고 뽕나무나 누에 애벌레도 없다고 말하고 비단옷을 계속 입고 싶으면 그것을 가져와야 한다.'라는 말을 전합니다. 계속해서 비단옷을 입고 싶었던 공주는 뽕나무 씨앗과 누에의 애벌레를 머리 장식의 안감에 몰래 숨겨 국경을 무사히 통과합니다. 아무리 엄격하게 검사한다고 해도 차마 공주의 머리 장식까지는 검사할 수 없었겠지요. 호탄 왕의 기지로 인해 중국 비단에 대한 독점권과 비단 제조 기술은 호탄을 비롯한 서방으로 전해지게 되었고, 이로써 중국은 비단에 대한 독점권을 잃게 됩니다.

이 이야기는 현장의 《대당서역기》에 기록되어 있으며 키질 석굴과 막고굴을 약탈한 희대의 도굴범(서방에서는 탐험가라고 기록되어 있음) 스타인이 '견왕녀도(絹王女圖)'를 발견해 사실임이 입증됩니다.

호탄 왕국의 성터

실크로드

실크로드의 역사는 2,100년이나 됩니다. 후한(後漢)의 장건 장군이 흉노의 침공으로 골머리를 앓던 한무제의 명을 받아 정벌에 나섰다 포로가 되었으나 탈출에 성공하면서 중앙아시아에 있는 오지의 교통로를 알리게 되었습니다. 이 지역이 시안과 로마를 잇는 실크로드입니다. 서기 1세기에는 중국의 특산품인 비단이 로마에까지 팔려 나갔으며, 유럽의 유리 공예품은 중국으로 흘러들어 갔습니다.

실크로드가 가장 번성한 시기는 당나라 때입니다. 그러나 이후 당나라의 멸망과 함께 서서히 쇠퇴했고 명나라 때는 해상 교통이 발달하면서 잊혀졌습니다. 실크로드는 크게 톈산 북로와 톈산 남로, 서역 남로로 나뉩니다.

실크로드의 낙타 행렬

은의 청동기

04 네 번째 수업

카테고리

과학 블로그 3부
- 첫 번째 수업
- 두 번째 수업
- 세 번째 수업
- **네 번째 수업**

구리의 발견은 은나라를 순식간에 초강국으로 만든 사건이었습니다. 은나라 사람들은 구리를 이용해 무기를 만들어 내기 시작했습니다. 그들은 구리만 쓰는 것보다 주석을 섞으면 몇 배나 더 강한 청동이 된다는 사실도 알게 되었습니다. 단단하고 날카로운 청동 무기는 돌과 나무로 만든 무기를 쓰는 적들에 비해 은나라 군대를 놀랄 만큼 강하게 만든 것입니다. 결국, 이런 청동 무기가 적국을 어렵지 않게 물리치는 원동력이 되었습니다. 은의 수도였던 은허에서 발굴된 무기 거푸집들은 황토 진흙으로 만들어져 있습니다. 은나라 사람들은 이 거푸집 속에 녹인 구리를 부어 똑같은 모양의 무기를 대량으로 만들어냈습니다.

은나라 황허 강 중하류의 중원 지방에서 가장 강력한 국가로 만들어 준 청동기 문화는 그 유례를 찾아볼 수 없는 완전히 새로운 문화였습니다.

만만한 과학용어 〔검색〕

거푸집
액체 상태로 녹인 금속을 청동기나 철기로 만드는 틀로, 용범(鎔范)이라고도 합니다. 곱돌·흙·밀랍(蜜蠟) 등으로 만들었는데, 2쪽 또는 3~4쪽으로 나누어진 것들을 사용할 때는 서로 합하여 고정시킨 후 홈을 이용해 쇳물을 부어 넣도록 했습니다.

이렇듯 더욱 강력해진 은나라는 새로운 곳에 청동을 쓰기 시작했습니다. 은허에서 발굴된 '정(鼎)'은 높이가 80센티미터에 무게도 120킬로그램 이상 되는 청동 그릇인데 이는 신들에게 제사를 지낼 때 쓰였습니다. 또 같은 곳에서 발굴된 '뇌'라는 청동기는 신들에게 올리는 술을 담기 위해 만들어졌습니다. 은나라의 왕들은 자신의 권위를 높이기 위해 그와 같은 크

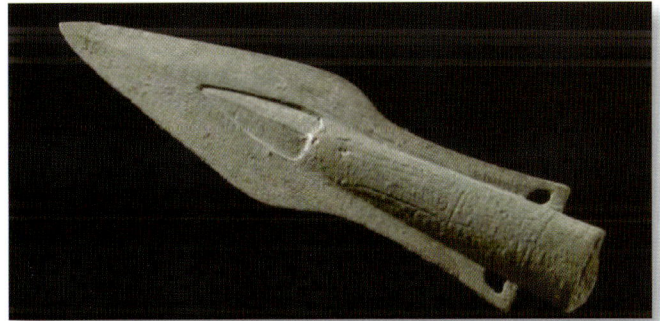

청동 무기(위)와 진흙 거푸집(아래)

149

은나라 시대의 청동기 '정'

고 정교한 청동기를 만들게 했습니다.

청동기를 만드는 은나라 사람들의 기술 수준은 매우 높았습니다. 이러한 수준 높은 기술의 열쇠는 거푸집을 만드는 황토 진흙에 있는 것으로 알려져 있습니다. 이 황토는 물을 적시면 부드러워져 모양을 뜨기에 좋고, 마르면 매우 단단해져 높은 열에서도 견딜 수 있기 때문에 거푸집을 만드는 데 아주 효율적이었습니다. 청동을 녹이면 온도

녹인 구리를 거푸집에 부어 모양을 만든다.

가 거의 1,100도나 되기 때문에 그 정도의 온도를 견딜 수 있어야 합니다.

　은나라에서 꽃핀 청동기 문화는 이후 남쪽의 양쯔 강 유역까지 전파됩니다. 하지만 청동기의 강력했던 문명도 훗날 철기를 다루는 민족이 나타나면서 쇠퇴해 몰락하게 됩니다.

　은의 멸망 이후에도 그들이 남긴 청동기를 다루는 기술은 우리나라에도 전해져 최초의 독립 국가인 고조선을 낳게 됩니다. 우리의 고조선은 청동기를 기반으로 독립 국가를 형성해 여러 부족들을 통합하면서 동북아시아의 강국으로 성장하게 됩니다.

갑골문의 기록에 따르면 은나라는 청동기시대를 맞이했으나 청동이 몹시 귀했기 때문에 일반인들은 감히 만져볼 수도 없는 그림의 떡이었다고 합니다.

청동 거푸집

은나라 사람들의 청동기 제조 기술은 매우 뛰어난 것으로 알려져 있습니다. 그 뛰어난 기술은 주형을 만들 때 사용했던 황토 진흙에 있는 것으로 여겨지고 있습니다.

황토에 물을 묻혀 잘 섞으면 고운 황토 진흙이 되는데, 이 황토 진흙을 청동기의 모양을 만드는 원형에 붙여 본을 뜹니다. 이렇게 해서 만든 여러 개의 본은 순서에 따라 하나로 연결합니다.

사실 본을 뜨는 작업은 대단히 끈기가 필요한 작업입니다. 1밀리미터도 안 되는 도철문의 구석구석까지 황토 진흙을 붙여야 하니까요.

그리고 황토 진흙으로 만든 주형을 여덟 시간 이상 불가마에 넣어 단단하게 한 다음 녹인 청동을 그 주형 안에 넣습니다. 녹인 청동이 모두 식어 굳은 후 황토 진흙 주형을 깨뜨리면 청동 제품이 완성됩니다.

청동기 제작 과정

중국의 도철문

은의 청동기에는 아래의 사진과 같은 문양을 많이 새겨 넣었습니다. 이 문양은 도철문이라고 하는데 많은 청동기에서 이 문양이 발견되고 있습니다.

이 청동기의 가운데 가느다란 선은 코를 나타내고 양쪽의 사각형 모양은 눈을 나타내는데, 이것은 당시 은나라 사람들이 두려워하고 숭배했던 어떤 신을 나타내고 있는 것으로 여겨지고 있습니다.

은나라 왕들은 자신들의 권력을 신으로부터 부여받은 것이라 여기고 신들은 이런 청동기 제작에 많은 힘을 쏟았습니다.

은나라의 청동기에 새겨진 도철문

알려지지 않은 고대 중국의 발명품

현대의 사람들은 지금의 기계 문명이 근대 유럽에 의해 시작되었다고 생각하고 있습니다. 하지만 과연 그것이 사실일까요?

이번에는 그동안 우리에게 잘 알려지지 않았지만 유럽의 기계 문명을 이끈 중국의 뛰어난 발명품들을 찾아보려고 합니다.

장형의 지진계

이 지진계는 서양의 지진계보다 1,600년이나 앞서 발명된 것입니다. 빙 둘러 바깥쪽을 바라보는 아홉 마리의 용들이 여의주를 물고 있다가 지진을 감지하면 진동 방향에 놓여 있는 두꺼비의 입에 여의주를 떨어뜨려 지진을 알렸습니다.

이 지진계의 내부는 매우 뛰어난 수준입니다. 지진이 일어나면 그 진동은 지진계에 영향을 주고, 그로 인해 내부에 있는 역진계라는 것이 용이 물고 있는 여의주를 떨어뜨려 지진이 어디에서 발생했는지 알 수 있게 했습니다. 넓은 땅을 다스리고 있던 중국으로서는 이를 이용해 자연재해의 위험성을 바로 알고 대처할 수 있었던 것입니다.

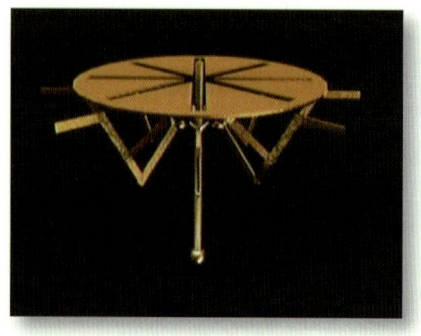

장형이 설계한 지진계 내부의 역진자

석유 시추기

지금까지 남아 있는 중국의 시추 장비

현대에 발명된 것으로 알려진 석유와 천연가스를 채굴해 공급해 주는 장치는 이미 고대 중국에서 발명된 것입니다. 당시 바위를 뚫는 드릴은 현대의 금속으로 된 밧줄만큼이나 장력에 강한 대나무로 만든 줄을 사용했다고 합니다. 석유 시추 현장에서 볼 수 있는 수십 미터의 탑들이 중국에서는 흔한 것이었으니까요.

암석을 뚫을 때 쓰는 다양한 형태의 드릴 유물

크롬 도금 기술

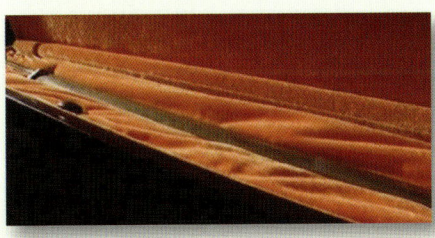

진시황릉에서 출토된 철제 무기들

진나라 시황제의 무덤을 발견한 사람은 그 거대한 규모에 깜짝 놀랐습니다. 그런데 이 유적에서 발견된 유물을 조사하던 사람들을 다시 한 번

깜짝 놀라게 하는 일이 발생했습니다. 황릉에서 발견된 창날이나 석궁, 석궁의 방아쇠, 단검 날이나 94센티미터 길이의 장검 날이 전혀 손상되거나 부식되지 않고 살아 있는 상태로 발견된 것입니다.

이들의 비밀은 회색빛이 도는 표면 처리에 있었습니다. 놀랍게도 표면의 막은 크롬으로 밝혀졌습니다. 1930년대에야 등장했던 것으로 알려졌던 이러한 크롬 도금 방식을 중국의 고대인들은 이미 그 이전부터 이용했던 것입니다.

혼천의

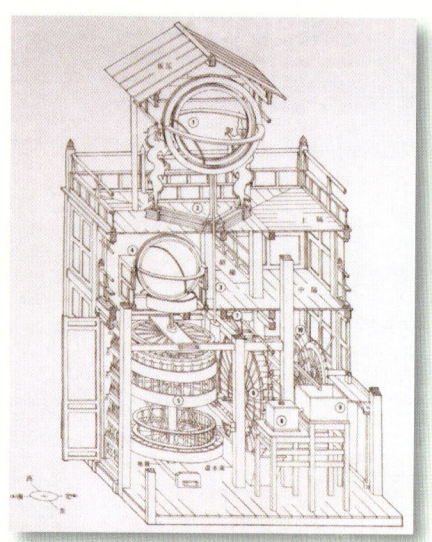

혼천의

혼천의는 지금의 천문학 컴퓨터라고 할 수 있습니다. 이것은 중국의 과학과 기계 기술이 집대성된 것입니다.

이것은 수송이라는 사람이 만든 것으로, 유럽의 레오나르도 다빈치와 같은 부류의 사람이었습니다. 그가 이 기계를 발명해 세상에 내놓았지만 수세기가 지나도록 그 원리를 알 수 없을 정도로 정교하고 복잡한 것이었습니다. 다행히 그가 혼천의의 설계도를 남겨 놓아 이 기계의 작동 원리를 어느 정도 이해할 수 있었습니다.

처음에 서양의 학자들은 물로 작동하는 이 기계의 놀라운 성능을 믿으려 하지 않았습니다. 수송은 시간을 알기 위해 이 기계를 만들었습니다. 나아가 달과 해, 우주의 질서와 공전의 원리까지 이해하려고 했습니다. 이 기계가 더욱 돋보이는 것은 지구 외의 다른 행성의 움직임까지 계산해 낸 것입니다. 이러한 혼천의의 기술은 훗날 우리나라에도 전해져 조선시대에 시간을 알리는 중요한 도구가 되었습니다.

4부
고대 문명의 후계자들

01 첫 번째 수업

02 두 번째 수업
03 세 번째 수업

04 네 번째 수업
05 다섯 번째 수업

교과 연계

초등 3 | 우리 주위의 물질
초등 4 | 수평 잡기
초등 4 | 열에 의한 물체의 부피 변화
초등 5 | 거울과 렌즈
초등 6 | 일기예보
초등 6 | 편리한 도구
중등 1 | 힘

쉿! 상위 1%로 가는 비밀 수업 과학 블로그

히타이트

01 첫 번째 수업
02
03
04
05

카테고리

과학 블로그 4부
- **첫 번째 수업**
- 두 번째 수업
- 세 번째 수업
- 네 번째 수업
- 다섯 번째 수업

히타이트 문명을 대표하는 사자문

지중해와 아라비아를 잇는 청동기 문명에서 철기 문명으로 넘어가는 시점에서 가장 중요한 역할을 한 나라가 히타이트입니다.

히타이트는 기원전 1650년 무렵, 전쟁을 통해 수많은 작은 도시국가들이 하나로 합쳐진 나라입니다. 여러 나라와 종족이 합쳐지다 보니 그들이 사용하던 언어도 무려 여섯 가지나 되었습니다. 아나톨리아의 원주민인 하티인이 사용하던 언어도 그중 하나입니다. 그리고 여러 도

만만한 과학용어 _{검색}

히타이트

기원전 1650년 무렵에 소아시아에서 일어난 인도·유럽어족에 속하는 고대 시리아 민족, 기원전 14세기에 전차·철제 무기 따위를 이용하여 세력을 크게 떨쳤고 메소포타미아에 철기 문화를 전하였는데, 기원전 12세기에 이웃 여러 민족의 침입을 받아 멸망하였습니다.

히타이트인들이 사용했을 것으로 추정되는 철제 무기들

아나톨리아

시국가와 종족이 합쳐지다 보니 신들의 숫자도 1,000명이 넘었습니다. 신들 중에는 폭풍의 신이 최고의 신으로 받들어졌습니다.

히타이트는 철이 청동기보다 훨씬 강하다는 사실을 처음으로 알아낸 나라입니다. 또한, 철은 다른 금속에 비해 원료는 흔하지만 원석에서 철을 추출하기 위해서는 높은 열을 필요로 하므로 히타이트처럼 어느 정도의 기술 없이는 만들기 어려웠습니다. 히타이트 사람들은 철을 독점적으로 생산하면서 이웃 나라와의 무역을 통해 세력을 키웠고, 다른 한편으로 철로 만

만만한 과학용어 〔검색〕

고대의 철기 제련

일반적으로 강철은 기원전 2000년경에 아르메니아 지역의 히타이트 사람들이 개발한 것이라고 합니다. 그러나 그들의 강철은 용광로에서 직접 얻은 것이 아니라 못과 같은 것을 만드는 연철의 표면을 강하게 하기 위해 탄소를 스며들게 하는 방법으로 만든 비교적 질이 낮은 것입니다. 그럼에도 히타이트족은 계속 이 주조법을 독점했는데 그들이 멸망한 후 기원전 12~10세기쯤에 이란, 팔레스타인, 메소포타미아 등 여러 지방으로 퍼져 나갔습니다.

든 무기와 전차를 만들어 전쟁에 이용함으로써 세력을 넓혀갔습니다. 그들의 철제 무기와 전차가 가장 큰 힘을 발휘한 때는 기원전 1595년, 바빌로니아 왕국과의 전쟁에서였습니다. 히타이트 사람들이 아나톨리아로 돌아가기 전까지 이 시기는 바빌로니아 왕국의 '암흑시대'라고 불렸습니다.

히타이트는 강력한 힘을 바탕으로 정복을 통해 선진 문명의 유산뿐만 아니라 문자도 받아들였습니다. 또 무역을 통해 중국에서 수입해 온 말을 중동의 주변국들에 전하기도 했습니다. 그러나 기원전 1,300년경에 이 문명은 결속력이 약해지고 주변 나라 사람들이 몰려들기 시작하면서 점차 쇠퇴해 갔습니다. 그리고 결국 북쪽의 발칸 반도에서 침입해 온 프리지아인들에 의해 멸망하고 말았습니다.

히타이트의 멸망과 함께 그들이 독점하고 있던 철의 생산 기술이 서아시아를 비롯한 주변국들로 널리 보급되었습니다.

히타이트의 전차가 새겨진 부조

만만한 과학용어 검색

프리지아

아나톨리아 중서부에 있는 고대 지역.
이 지명은 기원전 12세기에 히타이트가 몰락할 때부터 기원전 7세기에 리디아가 지배할 때까지 소아시아를 지배한 사람들을 부르는 이름에서 유래됐는데, 그리스 사람들은 이들을 프리지아 사람이라 불렀습니다. 본래 트라키아계 사람들일 것으로 추정되는 프리지아 사람들은 기원전 2000년대 말에 아나톨리아 북서부에 정착했습니다. 히타이트 왕국이 와해되면서 이들은 중부 고지대로 이주하여 고르디움에 수도를 세우고 '미다스 시'(지금의 야질리카야)에 종교의 중심지를 세웠습니다.

선사시대의 마지막 단계 **철기**

중국 고문헌에 기록된 철기 제련법 (좌, 우)

고대의 기술은 현대에도 그대로 적용되고 있습니다.

   선사시대의 세 단계 중 마지막 단계는 인류가 철을 이용한 도구를 사용하게 된 시기입니다. 철은 인류가 도시와 국가를 형성하는 단계에서 개발되어 이전의 청동기를 대체하는 새로운 문명으로 나타났습니다. 전 세계에 널리 흩어져 있기 때문에 구하기 쉽고 대량생산도 가능하였습니다. 이런 장점들이 고대 국가를 성립하는 원동력으로 작용하였습니다.
   기원전 4000년경에 이집

철제 무기들

트에서 최초로 자연산 그대로의 철을 이용한 것으로 알려져 있으며, 기원전 3000년경 서아시아 지역에서 각종 철제 도구들을 만들기 시작했습니다. 제련된 철로 만든 가장 오래된 유물은 철제 단검이며 후에 철을 제조하는 다양한 기술들이 개발되면서 인공 철도 만들 수 있게 되었습니다. 그러면서 서아시아의 철이 세계 각 지역으로 전파되어 본격적인 철기시대를 맞이하였습니다.

초기의 철은 철광석에서 추출할 때 녹는점이 낮은 순철이나 연철이었는데, 점차 탄소 함유량을 높여 녹는 온도를 낮춘 주철로 발전하였습니다. 자연 상태에서 구할 수 있는 산화철을 800도 이상의 온도에서 만든 것이 연철이고, 여기에 숯 등을 이용해 탄소를 추가하여 만든 것이 주철입니다. 이와 같이 철의 가공 기술은 점차 발달하였습니다.

탄소 함유량이 낮은 연철과 탄소 함유량이 높은 선철을 함께 가공하여 탄소 함유량이 평균을 이루도록 한 다음 낮은 온도에서 가열하고 두드려 가공함으로써 '강'을 만들어 냈습니다. 강은 매우 강하고 튼튼했지만 1,550도의 온도에서 녹기 때문에 초기 기술로는 그만한 고온을 만들 수 없었습니다. 그러나 연철과 순철을 함께 가공하는 기술을 개발하면서 온도를 1,550도 이상으로 높이지 않고도 강을 만들 수 있게 되었습니다. 그리고 이것은 용광로가 만들어지기 전까지 강을 만드는 가장 효과적인 기술이었습니다. 이 기술로 인하여 비로소 제대로 된 강을 만들어 낼 수 있었기 때문에 최근까지도 거의 모든 사회에서 보편적으로 쓰였습니다. 나중에는 용광로를 이용하여 강을 비롯한 모든 철을 생산하기 시작했습니다.

대장장이의 신 **헤파이스토스**

그리스 신화에 나오는 열두 신 중 하나로 기술, 대장장이, 금속, 불의 신입니다. 제우스와 헤라 사이에서 태어났다고도 하고 헤라 혼자서 낳았다고도 전해집니다. 헤파이스토스는 신이지만 추한 얼굴을 가졌으며 절름발이였습니다.

다른 신들과는 달리 최고의 손재주를 가지고 있으며, 제우스에게 번개를 만들어준 보상으로 미의 여신 아프로디테를 아내로 맞게 됩니다. 미술 작품에서 헤파이스토스는 수염을 기른 건장한 중년 남자로, 손에는 쇠망치나 연장을 들고 오른쪽 어깨는 옷을 걸치지 않은 모습으로 표현되어 있습니다.

헤파이스토스

프리지아의 왕 미다스의 신화

　소아시아의 왕 미다스는 어느 날 술에 취해 길을 잃은 실레노스를 발견하여 그를 잘 보살펴 주었습니다. 이에 실레노스의 제자였던 디오니소스는 스승을 잘 보살펴 준 것에 대한 답례로 미다스에게 소원을 들어주겠다고 하였습니다. 재물에 눈이 먼 미다스는 자신의 손이 닿는 모든 것을 황금으로 변하게 해달라고 하였고, 정말로 미다스가 손대는 것은 무엇이든 다 황금으로 변하였습니다. 그는 큰 부자가 되었지만 음식을 집어먹거나 물 한 잔 제대로 마실 수 없게 되었습니다. 게다가 사랑하는 딸조차 어루만지다 그만 황금으로 변해 버리고 말았습니다. 미다스는 자신의 선택을 후회하며 디오니소스를 찾아갔습니다. 그는 자신의 능력을 없애 달라고 부탁했고 다행스럽게도 디오니소스는 그 부탁을 들어주었습니다. 그래서 미다스는 다시 이전 상태로 돌아갈 수 있었습니다.

디오니소스와 미다스 왕

유럽의 철기 문화

오스트리아에서 기원전 800~500년 무렵에 일어난 할슈타트 문화와 기원전 500년에서 기원전 1세기 무렵 스위스에서 일어난 라텐 문화, 기원전 9세기에 시작된 이탈리아 중·북부의 빌라노바 문화가 있습니다.

우선 할슈타트 전기에는 청동기 문화였고 후기부터 철기 문화가 시작됩니다. 할슈타트 시대의 중남부 유럽에서는 철기시대의 초기 단계이지만, 나머지 지역에서는 철기시대로 넘어가는 과도기 단계였습니다. 철기가 유럽 전역에 퍼진 시대를 라텐 시대라고 하며 당시의 유물로 수천 개의 무기와 연장이 발견되었습니다. 라텐 양식은 기원전 5~1세기까지의 유럽 대부분 지역에서 발견되며, 시간이 지남에 따라 발전된 형식을 보여 줍니다.

철은 기원전 1700년경에 루마니아에서 발견되었으며 할슈타트 후기에는 철로 칼을 만들기 시작했습니다. 뒤이어 라텐 시대에는 쟁기날과 목수 연장을 비롯하여 새로운 기능을 가진 물건을 만들 때 쓰였습니다.

이 시대에는 사회의 계층화 현상이 뚜렷해졌으며, 크기와 기능에 따라 집의 내부가 분할되어 있었습니다. 재산 정도에 따라 계층이 구분되었으며 원시적 도시 중심지가 등장했습니다. 또 금속 문화의 발달과 함께 동전으로 교환하는 시장 경제가 등장했습니다.

쉿! 상위 1%로 가는 비밀 수업 과학블로그 N   내블로그 | 바로가기 ▼ | Login

바빌로니아

카테고리

과학블로그 4부
- 첫 번째 수업
- **두 번째 수업**
- 세 번째 수업
- 네 번째 수업
- 다섯 번째 수업

　기원전 1894년, 메소포타미아 지역에 살던 바빌로니아 사람들은 새로운 통치자를 맞이하게 되었습니다. 이 새로운 왕조가 300년 동안 나라를 이끌어가게 됩니다.

　이들 왕국이 가장 크게 번영한 시기는 기원전 1780년부터 1750년까지 나라를 다스린 여섯 번째 함무라비 왕이 재위에 있던 시기입니다. 이때 메소포타미아의 남부 지역 대부분을 장악하면서 나라를 안정시켰습니다.

who are you?   검색

함무라비 왕
고대 메소포타미아의 바빌로니아 제1왕조의 제6대 왕입니다. 정복 활동을 활발히 하여 메소포타미아에서 바빌로니아까지 영향력을 확대하고 강력한 중앙집권적 제국을 만들었습니다. 바빌로니아를 통일하였으며 성문법전 중 세계에서 두 번째로 오래된 함무라비 법전을 만들어 통치한 것으로 유명합니다.
수도인 바빌론과 각지에 신전을 세우고 운하를 만들어 무역을 활성화시켰습니다. 그리고 전통적으로 내려오던 지방분권적 정치를 중앙집권적 정치로 바꿈으로써 왕권을 크게 강화시켰습니다.

함무라비 왕은 공동체의 질서와 옳고 그름의 기준을 세운 왕으로 잘 알려져 있습니다. 1901년, 프랑스의 고고학자에 의해 고대 바빌로니아의 유적에서 발견된 함무라비 법전은 거대한 석판에 쐐기문자로 새겨져 있었습니다. 법전에는 범죄와 그 범죄에 대한 처벌이 자세하게 기록되어 있습니다. 예를 들어 자기가 소유한 제방이 무너져 그로 인해 물이 범람해 남의 땅이 침수되면 그 이웃에게 보상하도록 되어 있었고, 허락을 받지 않고 술집에 들어간 여사제는 산채로 화형당할 수 있었습니다. 상속에 대해서도 남편이 먼저 죽은 부인은 재산을 아들과 똑같은 비율로 상속받을 수 있었다고 기록되어 있습니다. 또한, 돈을 빌린 사람이 자신의 아내나 아이들을 돈을 빌려준 사람에게 보내 3년 동안 일을 하게 하면 빌린 돈을 갚지 않아도 되었습니다.

만만한 과학용어 검색

마리 왕국

메소포타미아 문명을 이룬 고대 왕국으로, 유프라테스 강 유역에 있습니다. 정치·경제·사회적으로 안정된 발달을 보였으나 기원전 1813~1782년 사이에 아수르의 식민 지배를 받습니다. 후에 독립하지만 기원전 1759년에 바빌로니아의 함무라비 왕에 의해 정복당해 패망합니다.

함무라비 법전은 왕이 마음대로 법을 만들어 집행한 것이 아니라 처음 만들었을 때 그것을 모든 사람들이 볼 수 있게 공표했습니다.

위대한 업적을 이룬 함무라비 왕 이후에도 바빌로니아는 더욱 번창하여 메소포타미아의 중심 국가가 되었으며, 이들의 군대는 잘 훈련된 병사들로 이루어졌습니다. 그리고 그 군대로 도시국가였던 아이신, 엘람, 우르크를 차례로 정복했으며 강력한 마리 왕국까지 손에 넣었습니다. 그러나 말기로 접어들면서 아시아와 지중해가 만나는 길목인 이곳을 탐내는 나라들의 공격을 받기 시작했습니다. 그리고 결국 기원전 1595년에 히타이트 사람들의 침입으로 100년 동안이나 그들의 지배를 받아야만 했습니다. 그리고 히타이트 사람들이 물러간 뒤에도 또다시 500년 동안이나 아시리아

100년 동안 바빌로니아를 지배한 히타이트의 군인들

의 지배를 받았습니다.

그리고 이들 바빌로니아 사람들은 침입자들에게 자신들의 문명을 고스란히 전해주었습니다. 그중 가장 유명한 것이 60진법으로, 60이라는 숫자를 바탕으로 계산하는 것입니다. 예를 들어 한 시간을 60분으로 쪼개고, 다시 1분을 60초로 쪼개는 것도 이들 바빌로니아의 수학적인 전통에서 비롯된 것입니다.

만만한 과학용어 검색

60진법

수를 나타내는 방법 중 하나로, 60을 한 묶음으로 하여 자리를 올려 가는 방법입니다. 고대 바빌로니아에서 사용하던 기수법이며 현재에도 사용되고 있습니다. 60초를 1분, 60분을 1시간으로 하는 시간 단위와 각도의 단위에 사용됩니다.

19세기에 기원전 1600년경의 함무라비 왕조의 점토판이 발굴되어 쐐기문자 원문이 해독되면서 바빌로니아에서 사용되었음이 밝혀졌습니다. 바빌로니아인들은 추상적인 개념을 쉽게 표기하기 위해 쐐기문자를 발명하게 되었는데 60진법의 수 체계를 사용하여 기수법, 즉 수를 세는 방법을 정착시키게 되었습니다.

바빌로니아 왕의 신관이나 서기들은 세금으로 거두어들인 많은 양의 물품을 관리하기 위해 산술을 공부하였는데 계산을 간단하게 처리하기 위해 60진법에 의한 곱셈표, 역수표, 제곱표, 제곱근표를 만들기도 했습니다.

바빌로니아의 60진법으로 쓰인 점토판

바빌로니아의 달력

그리고 원의 중심을 기준으로 나눌 때 60도를 여섯 번 곱해 360도로 정한 것도 이들 바빌로니아 사람들입니다. 이들은 고대 메소포타미아 문명을 이끈 수메르 사람들로부터 물려받은 지식을 바탕으로 초기 과학과 천문학도 발전시켰습니다.

만만한 과학용어 검색

바빌로니아의 세계 지도

바빌로니아 수학

메소포타미아의 수학은 바빌로니아와 수메르 수학을 통해 대수학 등 광범위한 영역을 다루었습니다. 이집트보다 발달된 수학을 다루었으며, 그 시대에 출토된 점토판 유적에서 쐐기 모양의 설형문자를 사용했음을 알 수 있습니다. 60진법의 수 체계를 사용하여 수를 세는 방법을 정착시켰으며, 계산을 간단히 하기 위해 많은 계산서와 기호표 사전을 만들었고 수준 높은 계산술을 사용했습니다. 2차 방정식의 해법과 간단한 3, 4차 방정식도 다루었으며 원주를 360등분하는 업적을 남겼습니다.

고대 7대 불가사의 **바빌론 공중정원**

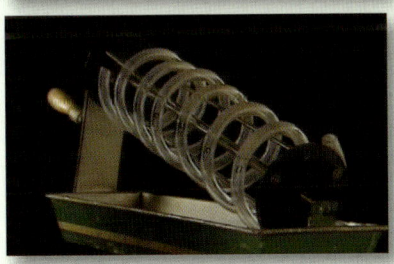

기원전 500년경에 신바빌로니아의 왕비를 위해 지어진 높이 솟은 정원입니다. 세계 7대 불가사의 중 하나이며, 기원전 538년에 페르시아 제국의 침략으로 파괴되어 아쉽게도 지금은 남아 있지 않습니다.

계단식 테라스에 흙을 쌓고 나무를 심어 놓아 마치 나무로 뒤덮인 작은 산 같았다고 전해집니다. 이러한 구조물이 버틸 수 있었던 것은 지구라트 건설에 이용된 아치형의 주조물이 버티고 있었기 때문으로 알려지고 있습니다.

그리고 궁전 곳곳에 설치된 수직으로 파내려간 우물이 기둥 역할을 했다고 합니다. 유프라테스 강물을 끌어올려 우물에 물을 댔다고 전해집니다. 물을 대기 위한 펌프는 원시 구조로 제작된 아르키메데스 펌프를 사용한 것으로 보입니다.

정원은 피라미드 형태로, 모서리 하나의 길이가 100미터가 넘었고 맨 윗부분까지의 높이가 105미터로 30층 건물 높이와 같습니다.

바벨탑

　기원전 8,000년 전에 지어진, 높이가 약 90미터인 사각뿔 모양을 한 고대 바빌론의 탑입니다. 《성경》에서는 처음 인간이 창조되고 나서 신의 노여움을 산 인간이 에덴동산에서 쫓겨나 살아가다가 하늘에 닿고 싶은 욕심으로 이 바벨탑을 지었는데, 이들이 만든 탑을 본 하느님이 괘씸하게 여겨 원래 하나였던 언어를 여러 개로 만들고 뒤섞어 놓아 서로의 의사소통이 힘들게 되었다는 이야기가 전해지고 있습니다. 탑 유적에 새겨진 점토판 내용에 따르면, 탑은 7층이고 그 위에 사당이 설치되어 있었다고 합니다. 모두 합쳐 8,500만 개나 되는 벽돌로 지어졌으며 거대한 규모를 자랑합니다. 지금도 고대의 바벨탑에 대한 연구를 통해 그들이 만든 지구라트 유적의 흔적을 일부 발견할 수 있으며 실제 바벨탑과 지구라트를 같이 놓고 보기도 합니다.

바벨탑의 상상화

바벨탑의 전설을 그린 그림들

아시리아

03 세 번째 수업

카테고리

과학 블로그 4부
- 첫 번째 수업
- 두 번째 수업
- **세 번째 수업**
- 네 번째 수업
- 다섯 번째 수업

메소포타미아의 고대 문명이 발원한 유적지는 바빌로니아와 아시리아라는 두 나라로 나뉘어 있었습니다. 바빌로니아가 남부 지역을 통치하는 동안 아시리아는 티그리스 강 상류인 북부 지역을 통치했습니다.

아시리아가 세계 역사에서 강력한 지배자로 떠오른 것은 아다드니라리 1세가 다스리던 때입니다. 그가 '세계의 왕'이라는 이름을 얻은 것은 영토 확장뿐만 아니라 자유로운 무역을 통해 아시리아의 힘을 널리 떨쳤기 때

who are you? 검색

아다드니라리 1세

연대기가 자세하게 남아 있는 최초의 아시리아 왕으로 기원전 1307~1275년에 재위한 것으로 알려져 있습니다.
아시리아 왕국 형성에 꼭 필요한 군사적인 왕이었으며, 그의 통치 기간 동안 아시리아는 메소포타미아의 역사에 큰 역할을 하였습니다. 그는 북메소포타미아와 미탄니 제국을 복속하였으나 후에 히타이트와의 전쟁에서 메소포타미아의 많은 부분을 잃었습니다.

who are you? 검색

티글라트 필레세르 1세
기원전 1115?~1077?년 사이에 재위한 아시리아의 왕입니다. 주변 각지의 반란을 진압하고 바빌로니아를 지배했으며, 시리아와 소아시아를 정복하여 국위를 떨쳤습니다.
히타이트의 쇠퇴를 틈타 페르시아 만에서 지중해 연안, 소아시아에 이르는 지역을 차지하였으며 주변의 42개국을 평정하였다고 알려져 있습니다. 또한, 그는 아수르의 신전을 수복하고 전차대를 창설하는 등 위대한 건설자였습니다.

문입니다. 하지만 아시리아의 영토 확장은 그들이 다스리던 후르리인들에 의해 좌절되고, 결국 그들의 지배를 받기에 이릅니다. 그러나 250년 후 후르리인들은 스스로 몰락하고 아시리아는 다시 힘을 얻게 됩니다. 이때부터 아시리아는 300년 동안 이 지역의 가장 강력한 나라로 성장했습니다. 특히 티글라트 필레세르 1세는 거의 매년 이웃 나라들을 무력으로 장악했고, 바빌로니아를 비롯한 주변 대부분의 나라를 다스리게 되었습니다.

아시리아의 세력이 최고조에 달한 시기는 아슈르바니팔 왕이 다스리던 때였습니다. 그러나 이 시기가 아시리아의 마지막이기도 합니다. 아슈르바니팔 왕은 무자비한 군인이었으나 예술가에게는 최

아슈르바니팔 왕

고의 후원자였습니다. 그는 니네베에 도서관을 세우고 넓은 정원에는 세계 각지에서 가져온 식물들을 심어 꾸미기도 했습니다.

특히 고대 문명의 유산은 아슈르바니팔 왕의 후원을 받아 체계적으로 정

아슈르바니팔 왕

기원전 7세기에 활동한 아시리아의 마지막 대왕입니다. 통치 기간 아시리아를 군사적·문화적으로 최고의 전성기로 만들었으며, 고대 중동 지역인 니네베에 최초로 체계를 갖춘 도서관을 세운 것으로 유명합니다. 당대의 다른 왕들과는 달리 스스로 문자를 해독하고 수학을 공부했으며 문화와 예술, 학문도 적극적으로 후원하였습니다. 왕위 계승에 불만을 품은 형과 전쟁을 벌여 영토를 엘람에서부터 이집트까지 확장시켰으나 국력은 현저하게 쇠약해졌습니다.

리될 수 있었습니다. 궁전은 왕에게 조언해 주는 사람들로 넘쳐났고 그는 항상 백성들의 소리를 들었습니다. 그리고 과학에 대한 후원을 아끼지 않아 수학, 화학, 천문학 같은 학문들에 대한 연구가 활발했습니다.

또한, 아슈르바니팔 왕에 의해 고대의 기록들도 정리되었는데 대표적인 작품으로는 《길가메시 서사시》나 아카드 시대부터 내려온 홍수 신화 같은 것입니다.

아카드의 홍수 신화는 헤브루에 전해져 노아의 홍수 신화로 발전했다고 알려져 있습니다.

기원전 627년에 아시리아는 그들의 왕이 죽자 바빌로니아와 메디아 사람들에게 넘어가게 됩니다.

아카드의 홍수 신화

아카드의 문헌에는 홍수 이야기가 두 가지 전해지고 있다고 합니다. 《길가메시 서사시》에서는 우트나피시팀이 주인공이고, 또 다른 신화에는 기근과 홍수로부터 살아남은 아트라하시스가 등장한다고 합니다.

다음에 소개하는 것은 《길가메시 서사시》에 나오는 홍수 이야기입니다.

엔릴 신은 인간을 완전히 멸하려고 홍수를 일으킬 계획을 세웁니다. 이에 에아 신은 몰래 자신의 종인 우트나피시팀에게 집을 헐고 모든 재산을 팔아 배를 만들어 생명을 구하라고 알려 줍니다. 우트나피시팀은 즉시 배를 만드는 작업을 진행하고 일하는 사람들을 위해 잔치를 베풀며 마침내 배를 완성시킵니다. 그리고 이 배에 자신의 재산과 가족, 친척들, 동물들까지 모두 태웠습니다. 그 이후 번개와 폭풍이 내리치더니 홍수가 시작되었고 그 기세는 신들마저도 전율케 했습니다. 그리고 홍수가 시작된 지 7

일 만에 비가 그치더니 다시 해가 떴습니다. 그 뒤로 7일이 더 지나 홍수가 끝났음을 알게 된 우트나피시팀은 모든 생물을 놓아주고 하늘에 제사를 올렸습니다.

인간이 살아 있음을 안 엔릴 신은 격노하지만 에아 신이 나타나 그의 무자비함을 들먹이며 설득합니다. 결국, 엔릴 신은 자신의 잘못을 뉘우치고 인간인 우트나피시팀을 신으로 만들어 줍니다.

니네베 도서관

　1850년에 고고학자 레이어드가 니네베를 발굴할 때 발견된 고대 아시리아의 아슈르바니팔 왕의 도서관입니다. 이곳에서 약 2만 720개의 점토판이 발견되어 아시리아의 천지창조, 길가메시, 이라, 에타나, 안주 등의 서사시가 전 세계에 알려졌습니다.

　이와 함께 그 시대에 이미 수학, 식물학, 화학, 사서학 같은 학문 분야가 존재했었다는 사실도 알게 되었습니다.

연산 기호는 언제 생겼을까?

　수학을 처음 배울 때 +, −, ×, ÷와 같은 연산 기호를 만나게 됩니다. 만약 이러한 연산 기호가 없었다면 어땠을까요? 아마 계산이 쉽지 않았을 것입니다. 그렇다면 계산을 편하게 할 수 있도록 도와주는 이러한 연산 기호는 누가 처음 만들었을까요?

　먼저 +, −는 독일의 비트만이란 사람이 처음 쓰기 시작했는데 그는 '많다'와 '적다'라는 표시를 쉽게 하기 위해 이것을 사용했습니다. 그러다가 프랑스의 피터가 1489년부터 본격적으로 더한다는 표시로 '+', 뺀다는 표시로 '−'를 사용하기 시작했습니다. 그 후 영국의 오트렛이 1631년에 곱셈 기호로 '×'를 사용했고 스위스 사람인 랩이 1659년에 '÷' 기호를 쓰기 시작했습니다. 그리고 ×와 ÷가 사용되기 전에 '='이라는 기호가 사용되었습니다. 이때가 1557년의 일입니다.

　이렇게 조금씩 발전해 온 연산 기호들 덕분에 우리는 편하게 계산을 할 수 있게 되었습니다.

헤브루

04 네 번째 수업

카테고리

과학 블로그 4부
- 첫 번째 수업
- 두 번째 수업
- 세 번째 수업
- **네 번째 수업**
- 다섯 번째 수업

헤브루인은 기원전 4,000년 전 지금의 팔레스타인 지역에 살고 있었습니다. 헤브루라는 이름은 '강 건너편에서 온 사람들'이라는 뜻으로, 여기서의 강은 유프라테스 강을 말합니다. 이름을 통해 알 수 있는 유일한 것은 그들이 팔레스타인으로 건너오기 전에 우르에 살고 있었다는 것입니다.

그들의 이야기는 대부분 《성경》에 기록되어 있습니다. 그들의 최초의 지도자였던 아브라함은 우르에 살던 양치기였는데, 그는 가족을 데리고 시

who are you?

아브라함

《구약성서》의 《창세기》에 나오는 이스라엘 민족의 조상으로 유대교, 그리스도교, 이슬람교 등의 유일신교에서 '믿음의 조상'으로 존경을 받는 인물입니다. 만약 실존 인물이었다면 기원전 약 19세기에 살았을 것으로 추정되고 있습니다. 하느님으로부터 고향과 동족을 떠나 약속의 땅에 새 민족을 세우라는 부름을 받고 가나안 땅으로 갔으며, 100세에 아들 이삭을 얻습니다. 하느님의 시험에 의해 아들을 제물로 바치는 굳은 믿음까지 보이고 하느님으로부터 그의 후손이 그 땅을 차지하게 되리라는 약속과 계약을 받는다는 이야기로 유명합니다.

리아로 갔다가 가나안이라고 불리던 지금의 팔레스타인으로 이주해 왔습니다. 20세기가 지나면서 세계 각지에 흩어져 있던 헤브루 사람들이 다시 이 지역에 나라를 세우면서 큰 분쟁 지역이 된 곳이기도 합니다.

아브라함의 손자인 야곱에게는 열두 명의 아들이 있었는데, 이들의 이름을 따서 각각의 부족을 세웠습니다. 아브라함이 죽고 팔레스타인 지역에 기근이 들자 야곱은 자신의 종족을 데리고 이집트로 건너가게 됩니다. 이집트에서 노예로 생활하던 이들은 기원전 1,200년 전에 새로운 지도자 모세를 따라 팔레스타인으로 다시 돌아왔습니다. 그들은 돌아오는 길에 팔레스타인에 정착해 살던 사람들과 전쟁을 벌이게 되는데, 전설에 의하면 나팔소리로 예리코 성을 함락시켰다고 합니다.

who are You? 검색

모세

《구약성서》의 〈출애굽기〉에 나오는 인물로, 이스라엘의 가장 위대한 종교적 지도자이자 예언자입니다.
파라오가 이스라엘의 영아들을 학살하자 이를 피해 나일 강에 버려졌다가 파라오의 딸에게 구출되어 왕궁에서 자라게 되었습니다. 80세 되던 해에 하느님으로부터 이집트에 있는 이스라엘 민족을 해방시키라는 부름을 받고 파라오와 싸워 기원전 13세기경에 민족을 노예 신분에서 해방시킵니다. 후에 하느님으로부터 십계명을 받았고 약속의 땅인 가나안으로 들어가기 위해 이스라엘 민족을 이끌고 40년에 걸친 유랑 생활을 하지만 가나안에 도달하지는 못합니다.

알마 타데르가 그린 〈모세의 발견〉

이후 헤브루 왕국은 솔로몬 왕 시기에 눈부신 발전을 이룹니다. 하지만 그가 죽은 후, 왕국은 이스라엘과 유대로 갈라집니다. 이스라엘은 북

who are You? 검색

솔로몬

《성경》에 기록된 이스라엘의 제3대 왕으로 '지혜의 왕'으로 잘 알려져 있습니다. 《구약성서》의 〈아가〉, 〈잠언〉의 저자로 알려져 있으며, 한 아기를 놓고 두 어머니가 싸우는 것을 재판한 이야기로 유명합니다.
기원전 965년부터 926년까지 유대와 이스라엘을 다스린 것으로 여겨집니다. 왕위에 오르자마자 반대파를 숙청함으로써 왕권을 강화하였으며 대외 평화에 힘을 쏟아 왕국의 전성기를 이룩하였습니다. 하지만 전제 정치와 사치스러운 생활로 말미암아 세금과 노역에 허덕이던 민중의 분노를 사게 됩니다.

쪽을 차지하고 유대는 남쪽을 차지하였지만, 기원전 721년과 기원전 683년에 이스라엘과 유대는 각각 아시리아에 정복당하게 됩니다.

《구약성서》에 나오는 많은 이야기들은 포로 생활을 하던 때의 이야기입니다. 그리고 이들은 20세기에 이르기까지 세계 각지에 흩어져 살게 되었습니다.

직각 그리기 시합

어떤 제도사와 헤브루인 수학자가 직각 그리기 시합을 하기로 하였습니다. 결전의 날이 오자 제도사는 높은 자존심과 명예를 걸고 자신만만하게 시합에 임했습니다. 술렁거리던 장내가 조용해지더니 수학자가 입가에 회심의 미소를 지으며 시합장에 나타났습니다. 마침내 시합이 시작되었습니다.

제도사는 흰 종이 위에 먼저 직선을 긋고 위에서 아래로 수선을 그어 나갔습니다. 수학자는 반원을 그리고 원주 위의 임의의 한 점에서 지름의 양 끝점에 선을 그어 직각을 만들어 갔습니다. 얼마의 시간이 지난 후 새까맣게 직각이 그려진 종이 위에 연필을 올려놓으며 제도사가 말했습니다. "내가 졌소!" 결국, 아주 간편한 방법으로 직각을 그린 수학자가 시합에서 승리했습니다.

제도사가 그린 직각

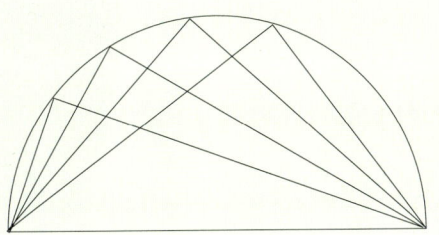

수학자가 그린 직각

페니키아

05 다섯 번째 수업

카테고리

과학 블로그 4부
- 첫 번째 수업
- 두 번째 수업
- 세 번째 수업
- 네 번째 수업
- 다섯 번째 수업

지중해 동쪽 끝의 레바논 해안을 따라 당시 가장 뛰어난 항해술을 가진 사람들이 도시국가들을 세웠습니다. 그들은 페니키아 사람들로 원래 팔레스타인 사람들이었습니다. 이들은 농사를 짓는 것보다 바다를 건너 항해를 하고, 물건을 만들어 무역하는 것을 더 좋아했습니다.

그 이전까지 이들처럼 본격적으로 항해와 무역 활동을 한 나라는 없었습니다. 이 때문에 최초에 발달한 문명들은 이웃 문명 외에는 접촉하는 것이 쉽지 않았습니다

복원된 페키니아 배의 모습

다. 나일 강의 거대 문명을 꽃피웠던 이집트 사람들은 남쪽으로는 누비아 사람들, 동쪽으로는 메소포타미아 사람들과 만날 수 있었고, 마찬가지로 메소포타미아 사람들은 페르시아 사람들과 이웃의 다른 문명들과 접촉을 했을 뿐입니다. 물론 자국의 영향력을 벗어나 더 멀리까지 항해한 사람들도 있었습니다. 그러나 이들은 다른 지역을 정복하거나 물건을 주고받는 일에는 관심이 없었습니다. 이러한 분위기에 가장 큰 변화를 가져온 이들이 바로 페니키아 사람들이었습니다.

그들은 기원전 100년경에 멸망하기까지 전 세계에서 가장 막강한 해상 교역국이었습니다. 서쪽으로는 멀리 인도와 중국과 무역을 했고 이집트나

만만한 과학용어 검색

누비아

대략 나일 강 하류 골짜기에서부터 동쪽으로는 홍해의 바닷가, 남쪽으로는 지금의 수단에 속하는 하르툼, 서쪽으로는 리비아 사막에 걸쳐 있었습니다. 누비아의 남부 지방을 제18왕조 시대의 고대 이집트인들은 쿠시라고 불렀고, 고대 그리스인들은 에티오피아라고 불렀습니다. 그리고 아스완의 제1폭포에 이르는 누비아 지방의 북부는 와와트라고 불렀습니다.

고대 카르타고의 유적

그리스 지역, 이탈리아, 북아프리카 등과는 지중해를 통해 값진 물건들을 운반했습니다.

그들은 미노아 사람들과 미케네 사람들의 흥망성쇠를 지켜봤고, 그리스와 로마의 성장에도 큰 영향을 미쳤습니다. 그들의 항해는 세계사에 하나의 전환점을 마련해 주었습니다.

또한, 페니키아인들은 키프로스 서쪽 지역으로 진출해 지중해 주변에 많은 식민지를 만들었습니다. 중요한 식민지였던 아프리카 북부의 카르타고(현재의 튀니지)는 훗날 큰 도시로 성장하기도 했습니다. 이곳은 페니키아의 본토가 바빌로니아에 멸망한 후에도 지중해 전역에서 가장 강력한 도시국가 중 하

만만한 과학용어 검색

카르타고

기원전 814년, 고대 페니키아인이 북아프리카 연안에 건설한 도시국가로 지중해를 누비던 고대 최대의 해군 국가이자 상업 국가입니다. 지중해 통상의 요충지로 해상 무역을 통해 발전하였으며, 서지중해의 무역권과 시칠리아 전체를 장악했습니다. 로마와 100년 동안 세 차례에 걸쳐 벌인 포에니 전쟁으로 유명한 영웅 한니발이 있습니다. 포에니 전쟁에 패하면서 멸망하게 되고 결국 로마의 속주가 됩니다. 그러나 카르타고 도시 자체는 카이사르에 의해 재건되어 크게 번영하여 현재 카르타고인 묘지 항구, 원형극장 등 식민 시대의 유적이 남아 있습니다.

나로 성장합니다. 그 후 식민지들은 각각 독립해 카르타고를 주요 항구로 삼아 발전해 나갔습니다. 페니키아인들은 단순한 상인이 아니었습니다. 그들은 금속 제품, 보석, 의류 등을 발전시켰고, 유리그릇 제조법을 발명한 것으로도 유명합니다. 그들의 무역에 중요한 요소였던 향료 병으로 쓰인 투명한 그릇과 반투명한 그릇을 대량으로 만들어 낸 최초의 사람들이기도 합니다.

 페니키아 사람들에 의해 발명된 것 중 그 어떤 것보다 중요한 발명품이 있습니다. 그것은 바로 오늘날 쓰고 있는 알파벳입니다. 페니키아 사람들은 일찍이 메소포타미아 사람들이 만든 쐐기문자의 표기법을 알고 있었습니다. 하지만 그들은 기록하는 데 시간이 오래 걸리는 그 문자를 비실용적

이라고 생각했습니다. 페니키아 사람들은 오랜 기간 무역을 통해 실용적인 태도가 몸에 배어 있었기 때문에 문자 기록하는 데 오랜 시간이 걸리는 것을 원치 않았습니다.

이러한 문제를 해결하고자 했던 페니키아 사람들의 노력이 오늘날의 알파벳을 창조해 낸 것입니다. 페니키아 사람들은 알파벳을 만들기 위해 이집트의 그림문자를 인용하기도 했고, 수메르 사람들의 길게 늘어진 글자

만만한 과학용어 검색

페니키아의 배

바빌로니아의 배

지중해의 패권

고대 지중해의 패권은 초기에 페니키아 상인으로부터 그리스 및 카르타고로 옮겨 갔다가, 후에 로마가 지중해를 제패하면서 로마로 넘어갑니다.

초기에 페니키아 상인들은 이집트와 그리스 지역, 지중해 연안에서의 무역을 통해 많은 식민 도시를 건설합니다. 그러나 이후 아시리아에 의해 정복되고 페르시아에 복속되면서 지중해의 패권은 그리스로 넘어갑니다. 그리스는 페르시아와의 전쟁에서 승리하며 해상 무역과 식민 도시 건설이 활발해지는데 이는 알렉산더 원정 때까지 이어집니다. 이러한 지중해의 패권은 페니키아의 식민 도시 중 가장 막강한 세력을 떨쳤던 카르타고에 넘어갔는데 곧이어 신흥 강국인 로마와 지중해 패권을 놓고 세 차례에 걸쳐 전쟁이 벌어집니다. 이것은 포에니 전쟁이라 불리며 승리한 로마가 지중해 전체를 장악하고 패권을 쥐게 되었습니다.

의 한 부분을 잘라 만들기도 했습니다. 보기에는 수메르의 글자들보다 아름답지 않았지만 몇 천 자나 되는 이전의 글자들을 단 고개의 문자인 알파벳으로 고안해 낸 것입니다.

페니키아 사람들은 이 글자를 자신들의 무역선과 함께 에게 해를 거쳐 그리스로 전파시켰습니다. 그리스 사람들은 이 22개의 글자에 몇 개의 문자를 추가하여 그것을 다시 로마로 전해 주었습니다.

이후 세계 제국이 된 로마는 유럽의 전 지역에 알파벳을 전파할 수 있었습니다.

만만한 과학용어 검색

상형문자와 설형문자

상형문자란 그림글로 물건의 모양을 본떠 만든 회화 문자에서 발전하여 단어 문자가 된 것입니다. 기원전 약 3000년경에 고대 이집트나 중국 등에서 물체의 모양을 본떠 만든 것으로 그림에 가까운 문자입니다. 초기의 한자와 고대 이집트 문자, 수메르 문자 등이 있습니다.

설형문자는 쐐기 모양인 메소포타미아의 문자를 말합니다. 기원전 3000년경부터 약 3,000년간 메소포타미아를 중심으로 고대 오리엔트에서 널리 사용되었으며 한자와 마찬가지로 그림문자로 만들어진 문자입니다. 점토 위에 뾰족한 갈대나 쇠붙이로 된 철필로 새겨 썼기 때문에 문자의 선이 쐐기 모양을 하고 있어 쐐기문자라고도 합니다.

최초의 해양 민족국, 페니키아

페니키아인은 사상 처음으로 두각을 나타낸 해양 민족이었습니다. 페니키아는 비록 작은 나라였지만 배를 만드는 기술과 바다에서의 항해술, 외국과의 무역에 매우 뛰어나 그리스가 나타날 때까지 바다는 그들의 독무대나 다름없었습니다. 배를 만드는 기술에 능했던 페니키아인들은 자신들의 배뿐만 아니라 다른 나라에서 주문한 배도 제작해 주었습니다. 《구약성서》에 나오는 헤브루 왕으로 유명한 솔로몬도 기원전 992년경 페니키아의 티루스에 배를 주문한 일이 있었습니다.

페니키아는 상선뿐만 아니라 군용 함대를 만드는 기술도 뛰어났는데, 이것은 이후 군용 갤리선의 모체가 되며 선박 발달 역사상 대단히 중요한 자리를 차지합니다. 고대의 군선은 대개 노를 많이 설치하기 위하여 선체를 길게 하고, 바람의 저항을 적게 해 속력을 내기 위한 폭을 좁게 했습니다. 그리고 노를 젓는 사람들의 능률을 위해 선체가 낮게 제작되어 있습니다. 갤리선도 이러한 형태의 배입니다.

유리의 발견

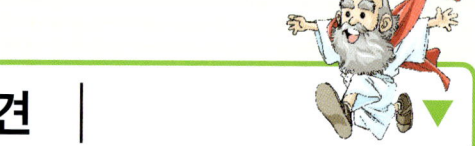

유리의 발견에 대해서는 두 가지 이야기가 전해지고 있습니다.

고대 지중해 연안의 페니키아란 곳에 베르스라는 강이 있었는데 많은 토사들이 하구에 침적하여 사주를 만들었습니다. 사주에는 불순물이 대부분 흘러내려 가버리고 흰 모래만 남아 있었습니다. 어느 날 천연 소다를 실은 한 척의 배가 베르스 강 근처의 사주에 상륙하였고 선원들은 식사 준비를 하기 시작했습니다. 해안에는 모래뿐이어서 냄비를 올릴 돌이 없자 하는 수 없이 소다 덩어리 몇 개를 가져와 그 위에 냄비를 올렸습니다. 그런데 모닥불이 타는 동안 소다 덩어리에서 투명한 액체가 흘러나오기 시작했습니다. 모닥불의 열기와 소다와 모래가 작용해서 생긴 것이었는데, 이 투명한 액체의 정체는 녹은 유리였습니다. 이렇게 해서 유리를 만드는 방법이 우연히 발견되었는데, 페니키아인들은 이 방법을 개량해서 여러 가지 유리 제품을 만들기에 이르렀습니다.

유리 발견에 관한 또 다른 이야기입니다. 이스라엘에 살던 몇몇 아이들이 장난으로 숲에 불을 지르자 그 열기로 초석과 모래가 녹아 언덕의 경사면을 따라 흘러내렸습니다. 이때 우연히 만들어진 유리를 발견하게 되었고, 이를 이용하여 인공적으로 유리를 만들어 냈다고 합니다.

신라 왕릉에서 발견된 유리그릇

우리나라에서 처음 유리를 사용한 흔적은 낙랑시대의 유적에서 발굴된 유리 유물입니다.

여기에서 발굴된 형태는 중국이나 중앙아시아, 동남아시아, 몽골 등지에서도 발굴되는 것으로 보아 중국에서 건너온 것으로 추정하고 있습니다. 하지만 신라의 왕릉에서 발견된 유리는 대부분이 로마시대에 만들어진 형태를 띠고 있으며 동양적인 형태의 유리 유물은 불교 문화가 전래된 통일신라 이후의 유적에서 발견되었습니다.

우리나라만의 독특한 유리 기구는 신라시대 경주 고분에서 처음으로 출토되었는데, 금관총에서 나온 유리잔, 금령총에서 나온 유리 주발, 천마총에서 나온 유리그릇 등은 지금까지 동양에서 발견된 일련의 유리 기물들에서는 볼 수 없었던 아주 독특한 형태를 지니고 있습니다.

이렇게 우리나라의 유리 기술은 오래전부터 사용해 왔던 것으로 보아 본격적인 유리 문화가 시작된 것은 신라시대부터였던 것으로 추정됩니다.

신라 왕릉에서 발견된 유리그릇

우가리트의 알파벳

기원전 2000년에 등장했던 도시국가 우가리트 왕국의 가장 중요한 유물입니다. 점토판 문서의 기록 수단인 이 문자는 쐐기(설형)문자로 쓰여진 세계 최초의 알파벳입니다. 이 문자가 발견됨으로써 점토판 문서가 해독되어 우가리트 역사가 베일을 벗었으며, 알파벳 문자 역시 연구가 본격적으로 시작되었습니다.

　우가리트의 점토판(길이 5.5센티미터, 너비 1.3센티미터) 문서는 기원전 13세기에 8개 언어의 5종 문자로 쓰였는데, 모두 쐐기문자에 속합니다. 그중 토착 우가리트 문자는 다른 쐐기문자들과는 달리 30개의 자모 체계(순서)를 갖춘 최초의 문자입니다. 우가리트 알파벳은 왕국의 멸망과 더불어 일시 자취를 감추었지만, 얼마 뒤 복원 계승되었습니다.

 ## 아히람 왕의 석관 알파벳

　1922년에 페니키아의 옛 땅인 레바논의 비블로스에서 모래 사태가 나는 바람에 기원전 11세기경 비블로스 왕가의 석관 하나가 드러났는데, 이것이 바로 아히람 왕의 무덤입니다. 석관 표면은 아름다운 부조로 장식되어 있으며, 석관의 벽에는 알파벳의 원형으로 간주되는 페니키아 문자로 쓰여진 비문이 있습니다. 이것은 페니키아의 알파벳 명문(明文)이 새겨진 최초의 비문으로 밝혀졌습니다. '부왕이 편안히 잠든 묘지를 훼손시키는 자에게는 무서운 재앙이 내릴 것이다.'라는 내용이 적혀 있는 이 비문은 역사상 매우 귀중한 가치를 지닙니다.

클릭! 클릭! 지식 마우스 — 배의 발명

일반적인 강에는 나무가 없고 나무가 있는 곳에서는 배를 탈 일이 없거나 물도 없었기 때문에 배를 발명해야 할 필요를 느끼지 못했을 것입니다. 그러나 아프리카 밀림에 살던 원시인은 밀림 사이를 이동하기 위해 배가 필요했고 주위에 통나무 재료도 많았기 때문에 그들이 배를 처음 발명했을 것으로 추정합니다.

당시 통나무가 물에 떠내려가는 것을 보고 이에 착안하여 통나무를 잡고 강을 건너다가 그 속을 파내고 노를 만들어 강을 건너다닌 것이 배의 시초입니다. 아주 오랜 옛날에는 나무를 묶어 만든 뗏목이나 통나무의 가운데 부분을 파내어 만든 통나무배, 동물의 가죽으로 만든 가죽배 등을 타고 다녔습니다.

고대 유물로 발견된 역사상 가장 오래된 배는 기원전 5000년경에 이집트 나일 강 하구에서 파피루스 식물을 엮어 만든 '갈대배'입니다. 배의 양 끝이 휘어 올라간 모양으로 지금도 아프리카 내륙의 차드 호수에 원형 그대로 남아 있습니다. 이러한 원시 형태의 배는 지금도 사용되고 있고 뗏목배, 가죽배, 통나무배로 구분할 수 있습니다. 원시 형태의 배가 발달된 형태로 나타난 것은 이집트에서부터입니다.

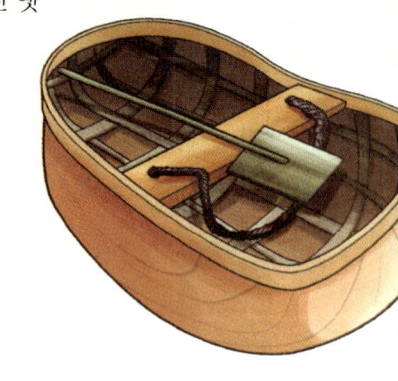

[지혜로 가는 징검다리] 사이언스주니어는 세상을 움직이는 비밀의 문으로 여러분을 초대합니다. 그곳에서 우리는 우리 선조부터 쌓아온 지식과 지혜의 힘을 만날 것입니다.

뉴턴은 자신이 이룩한 모든 것은 거인의 어깨 위에서 세상을 보았기 때문이라고 말했습니다.

지금은 우리 인간이 지구의 역사에서 가장 큰 거인이 되었습니다. 하지만 이것은 모두 우리를 앞서 간 수 많은 사람들이 고정된 틀을 깨뜨리려는 노력들이 있었기 때문에 가능한 것이지요.
우리가 이렇게 거인으로 남아 있기 위해서는 많은 노력이 더 필요합니다. 단순히 교과서의 지식만을 머리 속에 채워 넣고 우쭐대는 키만 큰 거인이 아닌 새로운 미래를 꿈꾸는 진정한 거인으로 성장해야 합니다. 그렇게 하기 위해 진정 필요한 것이 무엇인가를 찾는 것은 이제 여러분의 몫입니다. 이 책은 여러분이 찾고자 하는 것을 위한 최소한의 징검다리가 될 것입니다.

소중한 우리의 자녀를 지혜로운 아이로 자라도록 지식의 길을 닦는 사이언스주니어의 노력은 앞으로도 계속 될 것입니다.

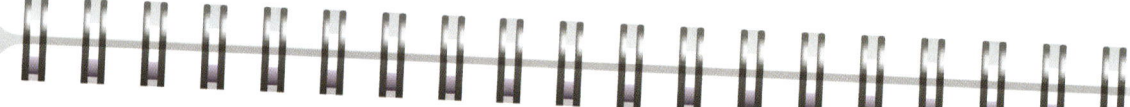

우주에 관한 모든 궁금증이 풀린다!
명쾌한 해설과 유쾌한 웃음이 함께하는 우주여행 이야기

1권 별과 우주 이야기 2권 태양계 이야기 3권 우주여행 이야기

이태형 글(천문우주기획 대표)

■■ 우주에 대한 소중한 꿈을 키워주는 우주견문록

밤하늘을 아름답게 비추는 달과 별은 우리에게 꿈을 줍니다. 우리의 할아버지의 할아버지, 그리고 그 할아버지의 할아버지들도 이 별들을 보며 꿈이 이루어지길 바라며 마음을 하늘로 실어 보냈습니다.

이렇게 우리의 마음 속에 소중하게 간직한 별들을 우리는 얼마나 알고 있을까요? 별은 단순히 불타고 있는 천체로일까요? 그렇다면 우리는 별에 대해 아무 것도 모르는 것이나 다름 없습니다.

별에게는 수십억 년을 우주 공간 속의 생명으로서 숨쉬고 있고, 그 생명은 무수히 많은 또 다른 생명을 만들어 내고 있습니다. 우리의 지구도 마찬가지지요. 우리의 몸도 어느 이름 모를 별의 먼지 속에서 태어났습니다.

우리의 생명의 근원인 이 별을 찾아 가는 즐거운 여정을 우주견문록이 함께 한다면 어떨까요?

1권은 1부와 2부로 구성되며, 1부는 '별이란 무엇일까?'라는 주제로 총 6번의 여행을 떠납니다. 그리고 2부에서는 '우주는 어떤 곳일까?'에 대해 총 7번의 여행을 통해 풀어봅니다.

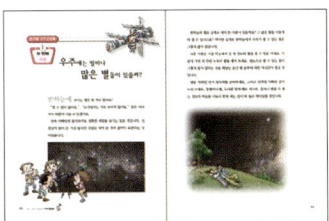
각 여행은 각 부의 주제에 대한 다양한 궁금증들을 풀어나가는 방식으로 꾸며집니다. 짜임새 있는 구성과 쉬운 용어 설명들이 순차적인 이해를 돕고 있습니다.

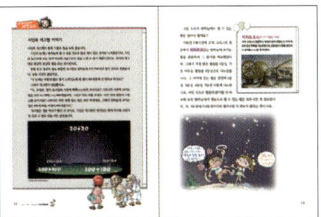
각 여행의 본문에 등장하는 인물이나 전문용어를 정확하게 이해할 수 있도록 'COOK! COOK! 과학요리'와 '지식나침반' 등의 팁을 별도로 구성했습니다.

'선생님과 채팅해요'를 통해 그동안 어디에서도 풀어 주지 못했던 호기심들에 대한 해답을 찾을 수 있습니다. 또한 다양한 사진, 일러스트, 삽화 등이 함께 어우러져 이해를 돕습니다.

두 페이지 전체를 차지하고 있는 우주 사진은 망원경을 통해 실제로 보는 듯한 기분을 들게 해줍니다.

각 본문의 끝은 재미있는 만화를 삽입하여 전체적인 내용을 재미있게 정리할 수 있도록 도와줍니다.

상상력을 깨우는 초등 과·수·원 02

창의·사고력을 높여주는 초등수학만화

환상 수학게이머즈 Gamers

① 앙마니우스와 도형의 방

수학 문제를 다 풀지 못하면 영원히 나올 수 없는 가상의 수학 게임 세계!

30개의 수학 문제들을 다 풀어야 빠져나올 수 있는 오디세이 수학 게임 세계. 문제의 정답이 아닌 틀린 답을 대면 뾰족한 철벽이 좁혀 들어오고, 어디선가 수없이 날아오는 화살, 그리고 괴물에게 잡혀 먹히는 위험천만한 상황들… 청명과 단비 남매는 어떻게 문제를 풀고 무사히 집으로 돌아올까?

과학·수학 전문 출판사 사이언스주니어는
지혜로 가는 징검다리가 되기 위해 항상 노력하고 있습니다.

www.kwangmoonkag.co.kr
http://blog.daum.net/g90605
http://blog.naver.com/g90605

코딩시리즈

2019 세종도서
학술부문 선정도서

**스크래치 주니어로
시작하는
우리 아이 첫코딩**

김경철, 이성주, 오아름 공저
46배판 / 224쪽 / 정가 16,000원

컴퓨터 과학으로 배우는
코딩여행

까를로스 부에노 저, 한선관 역
신국판 / 248쪽 / 정가 13,500원

스마트하고 귀여운
마이크로비트 활용

이시이 모루나, 에사키 노리히데
지음, 이상구 역
46배판 / 240쪽 / 정가 17,000원

스크래치
프로그래밍으로 배우는
창의설계 코딩

박신성 지음
46배판 / 208쪽 / 정가 15,000원